# AUTISM WITHOUT MASK

## AUTISMO SEM MÁSCARAS

Curadores: Grazi Gadia e Marcio Amaral

Embaixadora: Suzana Gullo Mion

**Literare Books**
INTERNATIONAL
BRASIL · EUROPA · USA · JAPÃO

Copyright© 2023 by Literare Books International.
Todos os direitos desta edição são reservados à Literare Books International.

**Presidente:**
Mauricio Sita

**Vice-presidente:**
Alessandra Ksenhuck

**Chief Product Officer:**
Julyana Rosa

**Diretora de projetos:**
Gleide Santos

**Chief Sales Officer:**
Claudia Pires

**Curadores:**
Grazi Gadia e Marcio Amaral

**Fotógrafo:**
Marcio Amaral

**Embaixadora:**
Suzana Gullo Mion

**Capa, projeto gráfico e diagramação:**
Gabriel Uchima

**Revisão:**
Leo Andrade e Rodrigo Rainho

**Impressão:**
Trust Gráfica

---

**Dados Internacionais de Catalogação na Publicação (CIP)**
**(eDOC BRASIL, Belo Horizonte/MG)**

---

A939   Autism without mask = Autismo sem máscaras / Carlos Gadia, Grazi Gadia, Suzana Gullo. – São Paulo, SP: Literare Books International, 2023.
25 x 26 cm

ISBN 978-65-5922-584-2

1. Autismo. I. Gadia, Carlos. II. Gadia, Grazi. III. Gullo, Suzana.
CDD 618.92

---

**Elaborado por Maurício Amormino Júnior – CRB6/2422**

**Literare Books International Ltda.**
Alameda dos Guatás, 102 – Saúde– São Paulo, SP.
CEP 04053-040
Fone: (0**11) 2659-0968
site: www.literarebooks.com.br
e-mail: contato@literarebooks.com.br

# AUTISM WITHOUT MASK

## AUTISMO SEM MÁSCARAS

Curadores: Grazi Gadia e Marcio Amaral

Embaixadora: Suzana Gullo Mion

**Literare Books**
INTERNATIONAL
BRASIL · EUROPA · USA · JAPÃO

Este livro é dedicado a todas as mães de pessoas
que estão dentro do Transtorno do Espectro Autista (TEA),
pois elas são a principal voz do autismo no mundo.

# SUMÁRIO

O QUE É O PROJETO AUTISM WITHOUT MASK .................8

PALAVRA DA EMBAIXADORA SUZANA GULLO MION .................10

PALAVRA DA GRAZI GADIA, CURADORA E COORDENADORA .................14

PALAVRA DO MARCIO AMARAL, CURADOR E FOTÓGRAFO .................21

O PAPEL TERAPÊUTICO DA ARTE NO TRANSTORNO DO ESPECTRO AUTISTA (TEA) – DR. CARLOS GADIA .................23

CRIAÇÃO DE CONEXÕES POR MEIO DAS ARTES – DRA. MARLENE SOTELO .................27

OS BENEFÍCIOS DA ARTE PARA INDIVÍDUOS COM TEA – DRA. ERIN BROOKER LOZOTT .................29

COMO O USO DA ARTE PODE FACILITAR AS HABILIDADES DE COMUNICAÇÃO – DRA. ERICA L. GRUB .................33

DEPOIMENTOS .................35

    JULIANA DANTAS .................36

    CLEIDIANE CONCEIÇÃO .................38

    PRISCILLA PERIM FREITAS SANTOS AGNELLI .................40

    ELIZABETH MORAES DE PAULA .................42

    DANIELA SOPHIA .................44

| | |
|---|---|
| ANA LETICIA MOUSSA | 46 |
| TATI KSENHUK | 48 |
| MICHELLI PIRES | 50 |
| MICHELE PALMA | 52 |
| CAROL FELÍCIO | 54 |
| CRIS GALLI | 56 |
| DENISE LAM | 58 |
| ANA CAROLINA BARREIROS | 60 |
| NINA FONTENELE | 62 |
| MANAYRA M. VARNIER | 64 |
| LUCIANA JUNQUEIRA | 66 |
| DARLINE LOCATELLI | 68 |
| ÉRICA BARBIERI | 70 |
| SANDRA KRUGMANN | 72 |
| JAMILE PORTUGAL | 74 |
| CÁSSIA HIGASHI | 76 |
| JULIANA CALGARO | 78 |
| FLÁVIA GUSMÃO | 80 |
| LARISSA TAIZE FAVORETO DE ALMEIDA BISOL | 82 |

| | |
|---|---|
| **LAÍS RIBEIRO** | 84 |
| **LEILA BAGAIOLO** | 86 |
| **KEINY GOULART** | 88 |
| **PRISCILA CORDEIRO** | 90 |
| **ANA CLÁUDIA BEZERRA** | 92 |
| **ADELLE SANTIAGO** | 94 |
| **INDIHARA HORTA** | 96 |
| **EMÍLIA GAMA** | 98 |
| **KAKÁ DO AUTISTÓLOGOS** | 100 |
| **CLAUDIA ROMANO PACÍFICO** | 102 |
| **SOLANGE VALLI** | 104 |
| **ISABELLA LOBO** | 106 |
| **SHANA SEGATTO VENDRUSCOLO** | 108 |
| **TATI BLEY** | 110 |
| **FERNANDA DUARTE BICALHO** | 112 |
| **MARIA CRISTINA WEIS** | 114 |
| **MARINA WEIGL** | 116 |

# O QUE É O PROJETO AUTISM WITHOUT MASK

*Autism Without Mask* é mais que uma mostra fotográfica, o *Autismo Sem Máscaras* é um acervo de retratos que resultam de encontros que chamamos de oficinas realizadas com mães de pessoas com autismo que tiveram seus rostos pintados por seus filhos e/ou filhas como se fossem telas. O projeto teve início com uma mostra em 2022, em Miami (Flórida), no Sagrado Café, durante o período da ArtBasel. Já estamos na 5ª edição.

A ideia foi inspirada no nome do projeto EYECONTACT, com o objetivo de promover o contato visual entre mães e filhos por meio da arte. Porém, o resultado foi maior do que o objetivo inicial. Esses momentos de conexão entre mães, filhos e fotógrafo, através da arte, tornaram-se lúdicos, alegres e permeados de muita emoção.

Por isso, chamamos o *Autism Without Mask* de projeto. Nossa missão é disseminar cada vez mais que a arte transforma vidas porque ela é naturalmente inclusiva.

As páginas deste livro estampam a alegria e satisfação das MAMAS e seus filhos nos retratos e depoimentos. É visível o quanto esses momentos foram importantes e deixaram felizes as MAMAS MODELOS, AS MAMAS *TOP MODELS*.

Nossa equipe acredita que a arte é inclusiva e capaz de conectar esses indivíduos, não só com suas famílias, mas também com a sociedade e o mercado de trabalho, de forma leve e natural.

O projeto reforça o papel das famílias de autistas como a principal voz do autismo no mundo, destacando esse protagonismo na melhoria da inclusão como um todo, do tratamento e da qualidade de vida dos indivíduos.

Nas atuais edições da mostra e neste livro *Autism Without Mask*, incluímos retratos de terapeutas, fonoaudiólogas, médicos, professores que se relacionam de alguma forma com o universo do autismo. Temos a certeza de que esses profissionais merecem também uma atenção especial, pela dedicação e importância que eles têm no desenvolvimento e na evolução de cada um dos seus pacientes com TEA.

# PALAVRA DA EMBAIXADORA SUZANA GULLO MION

Muito prazer, sou a Suzana. A mãe do Romeo.

Aos 27 anos, casada com o amor da minha vida e cheia de sonhos e planos em conjunto, tivemos nosso primogênito. Romeo já seria o seu nome. Tínhamos um combinado: se fosse menino, o Marcos, meu marido, poderia escolher o nome, e desde seus 16 anos seu sonho era ter um filho chamado Romeo, bem italiano. Como uma boa descendente de italianos que sou, adorei a escolha.

Como "mãe do Romeo" – o menino autista que veio para ensinar não só a mim, mas a todos ao seu redor –, nasceu a responsabilidade de sermos pais de um anjo azul.

Nessa caminhada atípica, tivemos a benção de conhecer o dr. Carlos Gadia. Hoje, além de excelente médico e ser humano, é um grande amigo. Em todas as nossas conversas, dr. Carlos nos elogiava e incentivava a fazermos algo ainda maior pelo nosso país, ajudando-o massivamente contra o preconceito e pela conscientização desse transtorno.

Marcos já criou duas leis nacionais, uma das quais leva o nome de Romeo Mion, que estabelece a emissão da Carteira de Identificação da Pessoa com Transtorno do Espectro Autista (CipTEA).

Durante alguns trabalhos como influenciadora, conheci um grande fotógrafo, Marcio Amaral, que em pouco tempo se tornou um grande amigo. Marcio é uma pessoa diferenciada – seu olhar pelo diverso o fez duvidar se não pertencia ao espectro autista sem ter tido um diagnóstico de fato. Sua relação com Romeo sempre foi pura, divertida e intensa, e convivendo comigo, ele foi se apaixonando pelo mundo autista e suas peculiaridades.

Um dia, tive um *insight*. Pensei: "Quero que o dr. Gadia o consulte para sanar sua dúvida e, ao mesmo tempo, quero apresentá-lo para a Grazi, artista plástica e esposa do dr. Carlos, a mulher mais incrível e disposta a ajudar qualquer mãe e criança autista que já conheci". Eu tinha certeza de que ela e Marcio tinham algo em comum que eu não sabia explicar.

Dito e feito! Minha aposta era certeira. Em pouco tempo, os dois traçaram uma amizade linda que fez nascer o *Autism Without Mask*. Marcio sempre quis ajudar nossa causa e não sabia por onde começar, e Grazi conseguiu unir sua arte com a fotografia, e então o único projeto que de fato tocou meu coração estava nascendo.

Acredito muito que a conexão do olhar entre os pais e as crianças autistas e a arte são mágicos e transformadores.

Quando eles me apresentaram o projeto, algo dentro da minha alma me dizia que ali era o meu lugar. Esse era o meu caminho dentro da comunidade. Mostrar que a arte cura, a arte salva, a arte inclui no mercado de trabalho e, principalmente, a arte, com suas cores, sua leveza e suas formas lúdicas, consegue mostrar ao mundo o que eu sempre senti dificuldade de mostrar: um autismo alegre, um autismo leve e colorido, um mundo diverso e maravilhoso. Com obstáculos, mas com amor.

Sou muito honrada de ser embaixadora desse projeto. Acredito que juntos somos mais fortes, acredito que, além da conexão que conseguimos proporcionar para

essas famílias nos *workshops* de pintura, conseguimos revelar inúmeros talentos e artistas espetaculares que fazem parte do espectro autista.

Obrigada, Carlos, Grazi e Marcio, por sonharmos e realizarmos juntos.

Por fim, quero agradecer ao meu marido, Marcos Mion, e aos meus filhos, Romeo, Donatella e Stefano, que são minha vida.

**Suzana Gullo Mion é a embaixadora do Autismo Sem Máscaras. Ela é casada com Marcos Mion e é mãe de Romeo (ASD)\*, Donatella e Stefano. Suzana é ativista pelas causas do autismo e do câncer de mama. Ela é empresária e uma das maiores influenciadoras de moda do Brasil.**

---

\* Autism Spectrum Disorder (ASD). Em português, Transtorno do Espectro Autista (TEA).

# PALAVRA DA GRAZI GADIA, CURADORA E COORDENADORA

> "Sonhar é acordar-se para dentro."
> **Mário Quintana**

Sou uma sonhadora, via de regra. Sonho dormindo e me lembro de todos os meus sonhos; inclusive, muitas vezes, eles são pauta da minha terapia. Meus sonhos me ajudam a desvendar meus próprios enigmas. Porém, sempre sonhei muito de olhos abertos, acordada, verbalizando meus desejos com os pés na terra, como uma autêntica virginiana.

Ser uma artista e trabalhar de forma voluntária com a arte sempre foram os primeiros sonhos da minha lista. Sonhei em ter um ateliê de artes bem colorido. Também sonhava em fazer exposições de arte, ser uma professora de artes, e assim fui sonhando na minha vida toda.

Ainda sonho, muito mais acordada do que dormindo, hoje em dia, em função da minha avançada idade. Descobri que sonhar é o início de todo um processo inconsciente de realizar desejos que parecem às vezes inatingíveis. São os sonhos que nos impulsionam a conquistar aquilo que desejamos.

Sonhei e realizei muitos dos meus sonhos, mas nunca imaginei estar aqui, escrevendo sobre este projeto, que combina a arte e o autismo. O *Autism Without Mask* é um dos melhores sonhos que se tornaram realidade na minha vida. Eu amo fazer arte, eu amo cores, eu adoro estar com gente, socializar, ajudar os outros. Tudo isso acontece nas oficinas e nas mostras do *Autism Without Mask*.

Na arte, tudo pode. Na arte, não existe certo ou errado. Por isso, a arte é naturalmente inclusiva.

Foi a partir desses ensinamentos que me libertei e consegui dar as primeiras pinceladas não só em telas em branco, mas na minha vida, com mais coragem, com mais cor e sem medo de ser feliz.

Deixar a vida fluir com espontaneidade, autenticidade e criatividade em cada compartimento da minha rotina ajudou-me a superar os altos e baixos da vida. Sim, a vida não é *flat*.

A arte não é *flat*. A arte é sinuosa, diversa, conservadora, inovadora, pop, ambivalente.

A arte é a expressão dos nossos sentimentos, do nosso inconsciente coletivo, do nosso consciente individual.

A arte é libertadora. Sem liberdade, a arte não existiria. Eu não viveria sem liberdade.

Por isso, acredito na arte como uma ferramenta de inclusão de qualquer indivíduo na sociedade. Entendo que, através da arte, podemos nos construir, desconstruir e reconstruir eternamente.

Nasci uma pessoa arteira em todos os sentidos. Meu DNA, que tem sangue italiano, me fez circular por todos os trabalhos manuais, como tricô, costura, crochê, culinária. Também circulei pela música, tocando violão e piano. A veia artística sempre esteve presente, e acabei adorando uma profissão que tem como base a criatividade: sou publicitária e me tornei uma artista plástica.

De forma orgânica, me envolvi com o autismo e naturalmente misturei a arte com ele. Foi quando encontrei um propósito para a minha arte e um significado para a minha vida.

Neste momento, nasceu o projeto social EYECONTACT – Lives Shaped by Autism, que acaba de se tornar uma "Non-Profit Organization" nos Estados Unidos. A missão do Eyecontact é o acolhimento das mães das pessoas com o Transtorno do Espectro Autista (TEA), mas com uma moldura artística. O acolhimento a essas mães se tornou a minha obra mais importante a ser lapidada no dia a dia do meu ateliê colorido.

As MAMAS-MODELO, como as denominei (MMs), são pessoas extraordinárias, e tomei como meta disseminar o seu protagonismo na comunidade do TEA. Entendi que elas são a principal voz do autismo no mundo. A maioria delas não tem tempo de fazer o luto quando o diagnóstico do TEA bate na porta da sua família; de imediato, elas partem para a luta, não só para tratar seus filhos, mas para melhorar os caminhos de outras mães e famílias que entram, a todo instante, no universo do autismo.

Essas mulheres são a força que transformam e fazem a diferença nas políticas públicas, na inclusão social, escolar, no mercado de trabalho, e incrementam a qualidade de vida de todos que compõem a comunidade do TEA.

As mães dos autistas merecem um olhar especial e carinhoso, pois elas são as protagonistas da história de evolução do autismo no mundo e são as protagonistas do seu lar.

Poderia acabar meu texto citando os muitos nomes de mulheres/mães/avós/tias/irmãs do TEA, mas acabaria cometendo uma injustiça, por não citar muitas que nem conheço e que estão espalhadas por este Brasil afora e pelo mundo.

Vou citar, apenas, uma dessas mães, porque tenho certeza de que ela representa com dignidade as mães do TEA no Brasil: Suzana Gullo Mion, a embaixadora do Projeto *Autism Without Mask*.

Sem ela, este projeto não existiria. O Projeto *Autism Without Mask* é fruto de um encontro que Suzana promoveu entre nós três: Marcio Amaral, ela e eu.

Marcio desejava muito usar sua *expertise* de fotógrafo e sua sensibilidade em uma ação social junto ao autismo. Eu estava ali, sempre ávida para novos projetos. Eu não gosto de fazer mais do mesmo. E o *Autism Without Mask* rompeu a barreira do som, se tornou um projeto desejado por todas as MAMAS. Todas queriam ser pintadas e ter um momento de *TOP MODEL*.

Em poucas horas de conversa, Marcio sugeriu a ideia de clicar o momento de "eye-contact" (contato visual/olho no olho) entre mãe e filho(a), aquele momento muito especial em que os autistas pintam os rostos de suas mães como se fossem telas.

Instantaneamente, criei o nome *AUTISM WITHOUT MASK*. Era o final da pandemia da Covid-19 – buscávamos liberdade, socializar, tirar as máscaras dos rostos, minimizar as nossas máscaras emocionais e, por que não, tirar as máscaras do autismo.

O projeto *Autism Without Mask* visa derrubar barreiras sociais, culturais, preconceitos, aumentar o conhecimento sobre a causa e incrementar a inclusão, em especial no mercado de trabalho, de artistas com TEA. Com essa intenção, tínhamos certeza de que estaríamos fazendo essas mães mais felizes.

Bingo! Iniciamos de forma bem simples as oficinas com as MAMAS e seus filhos. A alegria, a leveza e a diversão permearam e tomaram conta do ambiente durante as oficinas de pintura. A conexão entre mães e filhos foi natural e fluiu, porque a arte estava ali, entre mães e filhos, promovendo aquele olho no olho de forma natural e lúdica tão desejado por elas.

Cada um dos retratos documenta esses momentos de felicidade das MAMAS-MODELOS (MMs) junto aos seus filhos e filhas no projeto *Autism Without Mask*. O resultado é, simplesmente, o que desejávamos: evidenciar a resiliência, a força e o protagonismo dessas mulheres, mostrando quem são elas: as mais lindas *top models* do mundo.

Para finalizar, tenho a convicção de que a arte é uma ferramenta que auxilia a desenvolver habilidades, como o contato visual, a socialização, a interação social, a comunicação, a autoestima, a independência emocional e a independência econômica, em qualquer indivíduo, seja ele típico ou atípico.

Acredito que a arte pode (e deve) suplementar qualquer programa de intervenções para indivíduos com autismo. Vou colocar todas as minhas forças na arteterapia e trabalhar para que ela obtenha comprovação científica, assim como a musicoterapia, que já a possui.

Agradeço a todas as MMs que aceitaram nosso convite para participarem das oficinas e que, hoje, constituem o acervo de *top models* deste belo livro. Agradeço à Suzana e ao Marcio por me darem esta oportunidade de fazer parte deste time, que trabalha com muito amor e harmonia. Vocês me ajudaram a realizar um sonho.

Obrigada ao meu marido, Carlos Gadia, e aos meus filhos, Barbara, Marcela, Marcelo e Gabriela.

Obrigada, Literare Books.

**Grazi Gadia é publicitária, artista plástica, certificada em RBT e professora de artes. Fundadora do Eyecontact - Lives shaped by autism e do curso *on-line* para autistas Arts & Hearts. Weston, Flórida (EUA).**

# PALAVRA DO MARCIO AMARAL, CURADOR E FOTÓGRAFO

Chamo-me Marcio Amaral, sou fotógrafo de alma e apaixonado em ver pessoas felizes após meu clique. Amo ver as pessoas felizes em serem retratadas. Venho da área médica, sou especializado em hematologia e análises clínicas. Trabalhei como farmacêutico durante cinco anos em um hospital no interior de São Paulo. Certo dia, minha chefe me encorajou, dizendo que eu precisava ir atrás dos meus sonhos, pois me via como um "passarinho numa gaiola" dentro do laboratório. Após essa conversa, comecei a fazer *scouting* para uma agência de modelos, até fazer minha primeira viagem a Paris, quando tive a oportunidade de ser assistente de um grande fotógrafo italiano. Após esse período, meu foco passou a ser exclusivamente a fotografia.

Com o passar dos anos, comecei a sentir certo vazio, como se faltasse algo para eu me sentir mais realizado internamente. Eis que um dia, conversando com minha amiga Suzana sobre a vontade de fazer algo social, que me proporcionasse realização pessoal, ela me apresentou à Grazi Gadia. Grazi e eu nos encontramos com a Taciana no Sagrado Café e conversamos sobre nosso projeto de arte, além de degustarmos café e (muitos) brigadeiros. Contudo, não chegávamos a um consenso, ambas tinham ideias brilhantes para fotografar as crianças pintando em telas, e que eu poderia fotografar ângulos incríveis delas fazendo arte. Mas mesmo assim eu ainda não estava satisfeito, eu sentia necessidade de algo mais profundo…

Até que tive uma ideia que as deixou surpreendidas. Para mim, o contato precisava ser entre mãe e filho, visual e direto. Foi assim que propus que a mãe fosse a própria tela do filho, que fosse pintada por ele, que a criação pintasse a criadora e criasse uma obra a partir dela. Nesse momento único, a mãe terá contato direto com o filho: enquanto ele a "pinta", também olha em seus olhos e expressa suas cores e sua arte através dela. Grazi e Taci olharam para mim e responderam sorrindo: "Ok, vamos tentar!". Desde a nossa primeira sessão, sentimos o carinho das crianças com suas mãozinhas no rosto de suas mães, expressando sua criatividade através da arte e das cores, e todo cuidado com a mãe olhando diretamente nos olhos, pois a tinta e o pincel estavam muito próximos deles. O resultado é sempre lindo, com muito amor expressado através do contato visual que dificilmente as crianças com TEA têm.

Para mim, esse momento é mágico, e me emociono toda vez que participo de uma oficina de pintura nas mães. Quando estou com as "crianças anjinhas", como costumo dizer, me sinto eu mesmo, Sem Máscaras, em contato com a minha criança interior. Além disso, as mães se sentem (e são) como modelos, tanto ao serem pintadas por seus filhos, quanto ao serem fotografadas por mim. Quando elas veem o resultado, se emocionam, e quando digo que acabou a sessão, todos falam: "Ah, mas já acabou?". Várias mães não querem lavar o rosto e vão para casa felizes e orgulhosas com os rostos pintados. Muitas crianças perguntam quando será o próximo dia de pintar o rosto da mamãe, me deixando ainda mais realizado por saber o quanto esse momento é especial para todos.

Muito obrigado, Grazi, por realizar um momento tão especial para nós todos!

**Marcio Amaral, fotógrafo internacional de moda. Miami, Flórida (EUA).**

# O PAPEL TERAPÊUTICO DA ARTE NO TRANSTORNO DO ESPECTRO AUTISTA (TEA)

## Dr. Carlos Gadia

> "Somos enviados a um mundo repleto de beleza. Assim que escolhemos a beleza, forças invisíveis conspiram para nos guiar e nos encorajar a formas inesperadas de compaixão, cura e criatividade."
> (John O' Donahue, escritor, poeta e filósofo irlandês)

A ARTE tem inúmeras definições, conceitos, interpretações e manifestações. Uma possível definição é de que seja "tudo que é criado com imaginação e habilidade, que é belo ou tudo aquilo que expressa ideias ou sentimentos" (Britannica Dictionary).

Por outro lado, para muitos, a ARTE é indefinível.

Do ponto de vista da relação entre a medicina e a ARTE, não podemos nos esquecer de que a medicina é, também, considerada uma forma de arte desde os tempos de Esculápio, na Grécia Antiga. Na China, o caractere para a palavra medicina (yao) tem a mesma origem que o de música (yue). Em todas as culturas, em todas as épocas, ARTE e saúde, ARTE e cura estão associadas.

A arte tem uma capacidade única de estimular a imaginação e as habilidades de pensamento abstrato que, muitas vezes, são dificuldades significativas no TEA. A arte também permite focar além do processo de integração de experiências sensoriais desconfortáveis, tornando a regulação sensorial menos estressante. Tudo isso leva, frequentemente, à melhora das habilidades socioemocionais e da autoexpressão desses indivíduos, além do óbvio impacto na motricidade motora fina (MARTIN, 2009).

O uso de diferentes materiais artísticos pode fornecer uma ampla gama de experiências sensoriais (visuais, auditivas, táteis). Essa característica única das atividades artísticas pode beneficiar pessoas com problemas de processamento sensorial e regulação emocional, comuns entre crianças com TEA, ajudando-as a integrar melhor experiências sensoriais e cognitivas e a facilitar mudanças comportamentais (SCHWEIZER et al., 2019).

Um recente artigo que revisou 15 estudos sobre "Intervenções Artísticas em Crianças com TEA" encontrou fortes evidências para apoiar a eficácia das intervenções artísticas criativas para crianças com TEA. As evidências sugerem que intervenções artísticas permitem que as crianças com TEA se expressem por meio de diferentes mídias e ganhem uma perspectiva diferente sobre si mesmas, sobre os outros e sobre o mundo ao seu redor. Os elementos fornecidos pelas intervenções artísticas parecem facilitar o aprendizado social em crianças com TEA (BERNIER et al., 2022).

**Dr. Carlos Gadia, neuropediatra especializado em autismo e epilepsia. Weston, Flórida (EUA).**

**Referências Bibliográficas**

BERNIER, A. et al. Art interventions for children with autism spectrum disorder: A scoping review. **The American Journal of Occupational Therapy**, 76(5), 2022.

MARTIN, N. Art Therapy and Autism: Overview and Recommendations. **Journal of the American Art Therapy Association**, 26(4): 187-190, 2009.

SCHWEIZER, C. et al. Consensus-based typical elements of art therapy with children with autism spectrum disorders. **International Journal of Art Therapy,** 24:181-191, 2019.

# CRIAÇÃO DE CONEXÕES POR MEIO DAS ARTES

Dra. Marlene Sotelo

Canto, pintura a dedo, dança e observação de shows de marionetes juntos. A apreciação das artes na infância é algo natural para a maioria. Os cuidadores cantam para as crianças desde o momento em que elas nascem, embalando-as com uma canção de ninar e balançando ao som da música. Belos móbiles coloridos pendem do berço com estrelas cintilantes brilhando no teto do quarto, enquanto a criança fecha os olhos para dormir. Assim que a criança está pronta, os dedos são manchados de tinta e conduzidos pelo papel, fazendo desenhos coloridos para serem pendurados na geladeira a fim de que todos desfrutem deles e os admirem.

A imersão nas artes pode trazer grande realização não só para a criança, mas também para o cuidador, que proporciona amor e cuidado. Uma experiência compartilhada que imprime memórias de felicidade no aprendizado sobre o mundo ao redor. Cores, sons e movimentos constroem sensações para despertar os sentidos e apoiar o desenvolvimento de um vínculo entre aqueles que o experimentam juntos.

As artes criativas são para toda a vida. Elas trazem unidade e compreensão no início da vida e continuam a impactar cada pessoa ao longo de cada estágio da existência. As artes proporcionam refúgio em tempos conturbados e alegria nas celebrações. As artes contam uma história e inspiram reflexão. Elas são cegas para as diferenças e, em vez disso, nivelam o campo de jogo para todos. É possível ficar lado a lado, em silêncio, com alguém e apreciar um balé, um concerto ou uma bela obra de arte em um museu. Sem se conhecerem, talvez até mesmo vindos de mundos diferentes, dois estranhos se fundem em um momento ao se deleitarem com a beleza do momento que compartilham, enquanto experimentam a emoção e a inspiração inflamadas pela forma de arte em que estão imersos ao mesmo tempo.

*Autismo Sem Máscaras* exemplifica o poder das artes para conectar, inspirar e transcender palavras. Sua missão é incluir pessoas com autismo por meio das artes e promover conexões entre uma criança com autismo e sua mãe (ou seu pai). Sem a necessidade de palavras, a criança se conecta com seu cuidador e pinta o rosto dele com as cores escolhidas e as pinceladas desejadas, o tempo todo olhando para o rosto de seu cuidador, os olhos dele e as feições de quem ama e cuida dela. O produto disso é uma preciosa obra de arte que captura um instante em que dois se tornaram um e, por um momento, cada um deles entende o outro em um nível profundo que só pode ser alcançado por meio da arte.

**Dra. Marlene Sotelo, BCBA-D, MT-BC. Diretora Executiva da ELS for Autism Foundation em Júpiter, Flórida (EUA).**

# OS BENEFÍCIOS DA ARTE PARA INDIVÍDUOS COM TEA

## Dra. Erin Brooker Lozott

Arte é um conjunto de muitas coisas para muitas pessoas. Para alguns, a arte pode ser uma forma de relaxamento; para outros, pode ser uma forma de expressão. Portanto, a definição de arte pode ser ampla e incluir várias atividades, como pintura, desenho, escrita criativa, música, artesanato e muito mais. No caso de indivíduos com Transtorno do Espectro Autista (TEA), a arte pode ser fundamental para apoiar o engajamento, a interação social e a comunicação, além da saúde mental e do bem-estar positivos, especialmente quando a linguagem falada se torna difícil. A arte proporciona uma plataforma segura para conexão e interação social (BERNIER et al., 2022; PAPANGELO et al., 2020). Com o entendimento de que a arte pode ser usada para expressar pensamentos e sentimentos, o emprego dela pode ajudar a reduzir comportamentos desafiadores em indivíduos autistas que, de outra forma, poderiam não ter tido voz.

A natureza multissensorial dos materiais de arte e o aspecto relacional da criação artística se alinham com as necessidades inatas dos indivíduos com TEA. As atividades dessa natureza proporcionam aos indivíduos do espectro experiências sensoriais únicas para se comunicar com segurança e desenvolver habilidades sociais diante de várias pessoas e vários contextos. Além disso, a arteterapia com crianças no espectro tem resultado na demonstração de maior flexibilidade, relaxamento e capacidade de se comunicar, a respeito de desafios, com mais prontidão no ambiente terapêutico e em casa (SCHWEIZER et al., 2017; 2019).

Ao melhorar a comunicação por meio da expressão criativa, os indivíduos com autismo podem aprimorar a própria imaginação, além de obter habilidades de pensamento abstrato mais significativas e a capacidade de enxergar as perspectivas dos outros. A pintura e o desenho permitem a indivíduos com autismo que se comuniquem por meio de canais alternativos e que melhorem a autoexpressão (CHINCHOLKAR et al., 2019). Embora muitas evidências apoiem o impacto positivo da arte em um indivíduo com saúde mental e bem-estar, habilidades sociais, comunicação, comportamento e desempenho geral do autismo, pesquisas adicionais ainda são necessárias, com o intuito de apoiar a arte como uma intervenção baseada em evidências para indivíduos com TEA.

**Dra. Erin Brooker Lozott, BCBA-D, CCC-SLP. Diretora do programa Els for Autism Foundation em Júpiter, Flórida (EUA).**

**Referências Bibliográficas**

BERNIER, A. et al. Art interventions for children with autism spectrum disorder: A scoping review. **The American Journal of Occupational Therapy:** official publication of the American Occupational Therapy Association, v. 76, n. 5, 2022. Disponível em: <https:// doi.org/10.5014/ajot.2022.049320>. Acesso em: 25 abr. 2023.

CHINCHOLKAR, V. et al. The unfinished painting – An arts based therapy approach as an early intervention module for children with autism spectrum disorder. **Journal of Evidence Based Medicine and Healthcare**, v. 6, n. 40, p. 2.663-2.665, 2019. Disponível em: <https://www.jebmh.com/articles/the-unfinished-painting-an-arts-based-therapy-approach-as-an-early-intervention-module-for-children-with-autism-spectrum.pdf.pdf>. Acesso em: 25 abr. 2023.

PAPANGELO P. et al. Human figure drawings in children with autism spectrum disorders: a possible window on the inner or the outer world. **Brain Sciences**, v. 10, n. 6, p. 398, 2020. Disponível em: <https://pubmed.ncbi.nlm.nih.gov/32585879/>. Acesso em: 25 abr. 2023.

SCHWEIZER, C. et al. Consensus-based typical elements of art therapy with children with autism spectrum disorders. **International Journal of Art Therapy,** v. 24, n. 4, p. 181-191, 2019. Disponível em: <https://www.tandfonline.com/doi/abs/10.1080/17454832.2019.1632364?journalCode=rart20>. Acesso em: 25 abr. 2023.

SCHWEIZER, C.; SPREEN, M. Exploring what works in art therapy with children with autism: Tacit knowledge of art therapists. **Art Therapy**, v. 34, n. 4, p. 1-9, 2017. Disponível em: <https://www.tandfonline.com/doi/abs/10.1080/07421656.2017.1392760?journalCode=uart20>. Acesso em: 25 abr. 2023.

# COMO O USO DA ARTE PODE FACILITAR AS HABILIDADES DE COMUNICAÇÃO

Dra. Erica L. Grub

Tendo trabalhado como fonoaudióloga por mais de vinte anos, descobri que incorporar a arte às minhas sessões de grupo melhora significativamente a comunicação, as habilidades sociais, a regulação emocional, o engajamento sensorial e a autoexpressão.

Em meus grupos de habilidades sociais, as atividades são frequentemente estruturadas, exigindo que as crianças sigam um cronograma visual passo a passo. No entanto, há momentos em que elas são apresentadas a suprimentos de arte, o que as permite que se concentrem na criatividade e na imaginação – aspectos que podem ser negligenciados em atividades altamente estruturadas.

Participar de atividades artísticas possibilita à criança que aprimore habilidades de comunicação ao solicitar, comentar, fazer perguntas, buscar assistência e discutir as próprias produções artísticas. Além disso, a arte serve como um meio eficaz para aprender a expressar emoções. Depois de seus esforços artísticos, encorajo cada criança a apresentar suas criações a seus colegas. Isso dá ao "artista" a oportunidade de descrever o próprio processo criativo e discutir o que gostou nele. Os outros, então, têm a oportunidade de fazer perguntas, verbalmente ou por meio de métodos de comunicação aumentativos e alternativos.

A arte também serve como um catalisador para conexões sociais entre os pares. As crianças aprendem a colaborar e a cooperar enquanto trabalham em projetos de arte. Essa experiência compartilhada pode promover um sentimento de pertencimento. As crianças aprendem a compartilhar materiais revezando-se e obtendo *insights* sobre as perspectivas dos outros.

A exposição à arte oferece às crianças novas experiências sensoriais, à medida que aprendem a tolerar texturas desconhecidas. Com a repetição, essas sensações podem até se tornar agradáveis. Incorporar a arte a intervenções terapêuticas se prova vantajoso não só para as crianças, mas também para indivíduos de todas as idades com Transtorno do Espectro Autista, pois proporciona uma saída divertida e criativa à autoexpressão.

**Dra. Erica L. Grub, M.S. CCC-SLP - Weston, Flórida (EUA).**

# DEPOIMENTOS

# JULIANA DANTAS

"Toda vez que ouço 'contato visual', me lembro daquele dia...

Estava dando banho nele, e de repente ele segurou minha face com suas mãozinhas e fixou seu olhar nos meus olhos... foi como se o mundo tivesse parado ali... e então ele voltou a brincar com a água... eu insisti outro contato visual como aquele, eu segurava seu rosto, eu forçava, mas sem sucesso... e chorei muito, porque não sabia quando teria um contato visual tão duradouro e profundo como aquele. No *Autism Without Mask*, me lembrei desse dia... porque foi um contato visual duradouro e prazeroso. Que Deus continue usando a vida da Grazi Gadia, com tanta sensibilidade e amor!"

**Juliana Dantas, casada com Daniel Sant'Anna, mãe do Bernardo (TEA – oito anos) e Melissa (12 anos).**

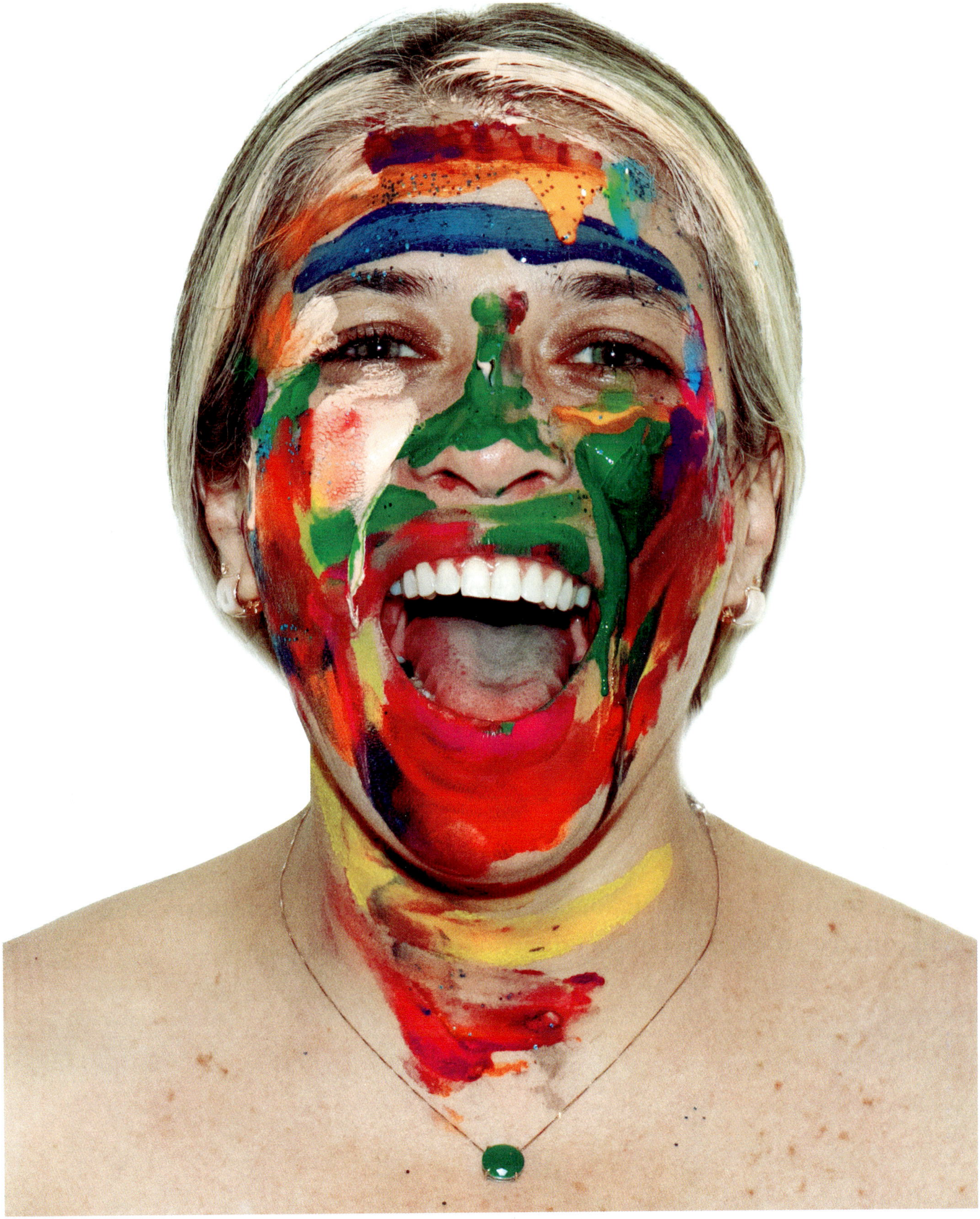

# CLEIDIANE CONCEIÇÃO

"Participar do Projeto *Autismo Sem Máscaras* foi motivo de muito orgulho para mim e para minha filha.

Pudemos desfrutar de ótimos momentos juntas, nos conectando por meio do olhar, das cores e da arte.

Uma mãe de criança atípica muitas vezes se dedica tanto ao cuidado que se esquece de olhar para si mesma com o mesmo carinho, e os momentos que tive com minha filha, sendo fotografadas por um profissional tão renomado, foram importantes para que eu me sentisse enaltecida, justamente pela minha filha, que é a pessoa que mais amo na vida!

Que esse projeto siga levando autoestima, carinho e sorrisos para crianças autistas e seus cuidadores."

**Cleidiane Quiteria da Conceição, farmacêutica. Mãe da Mel Quiteria Côrtes Conceição (quatro anos), pai, Carlos Eduardo Côrtes Conceição.**

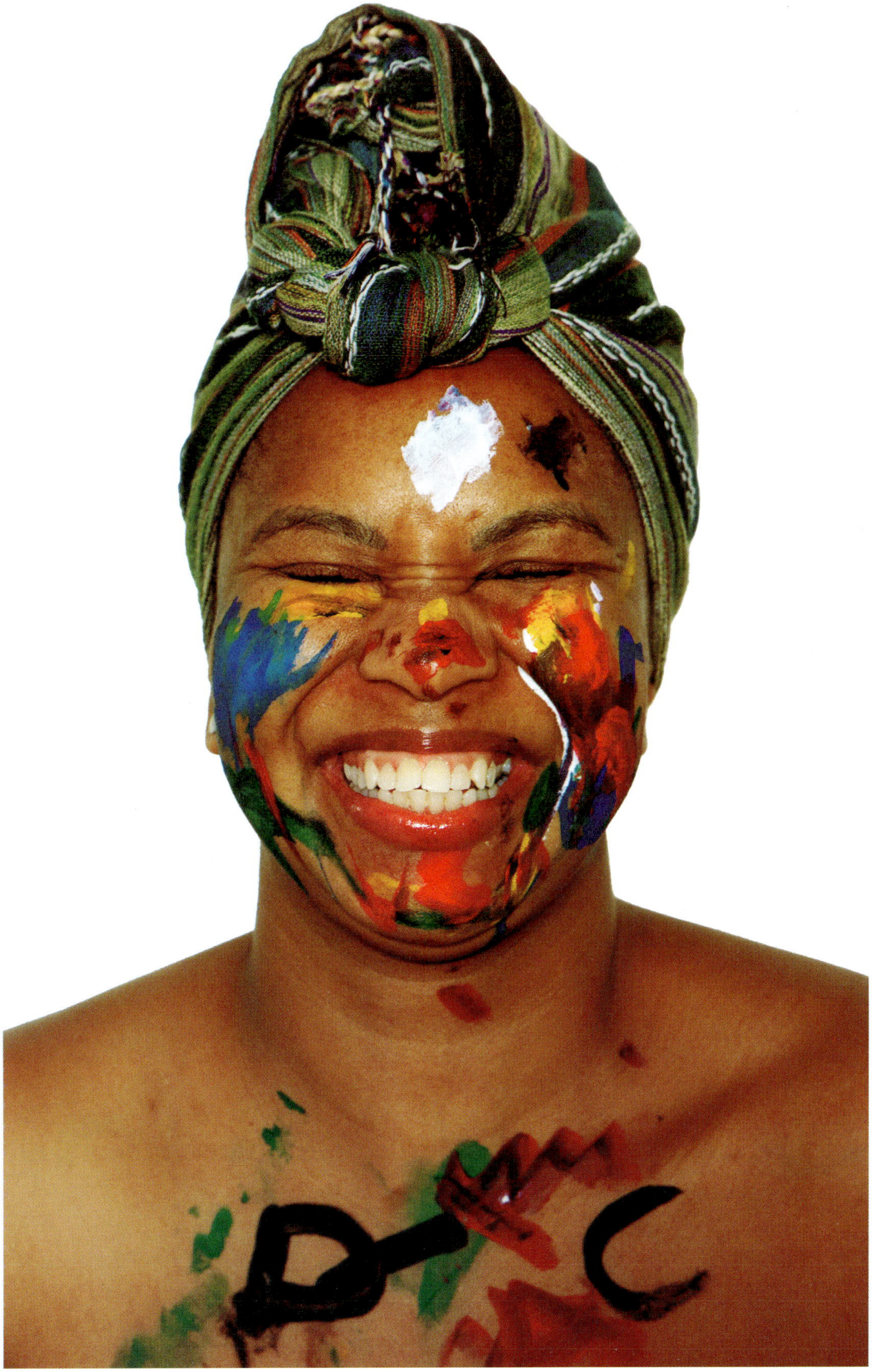

# PRISCILLA PERIM FREITAS SANTOS AGNELLI

" Participar do projeto *Autismo Sem Máscaras* foi uma experiência transformadora para mim e meu filho Rafael, que na época tinha apenas três anos. E foi durante uma sessão de pintura que tive um dos momentos mais marcantes desse processo. Enquanto Rafael pintava meu rosto, senti uma emoção indescritível me invadir. Era como se a pintura fosse a ponte unindo nossos corações, permitindo que nos conectássemos de maneira única e autêntica. Foi emocionante ver como ele se expressava através das cores e dos traços, e como eu pude sentir seus sentimentos sem precisar de palavras.

O Projeto *Autismo Sem Máscaras* nos ensinou a importância de nos conectarmos emocionalmente com nossos filhos autistas, e como isso pode ser transformador para ambas as partes. Estou imensamente grata por ter tido essa experiência com meu filho, e espero poder continuar aplicando esses ensinamentos em nossa relação e em outras áreas da minha vida. A conexão que experimentei com o Rafa durante essa sessão de pintura é algo que sempre guardarei em meu coração, e que me fez entender o quão poderoso é o amor e a empatia na relação entre mãe e filho."

**Priscilla Perim Freitas Santos Agnelli. Marido, Daniel Cury Agnelli. Filhos, Rafael Agnelli (TEA - quatro anos) e Rodrigo Agnelli (sete anos).**

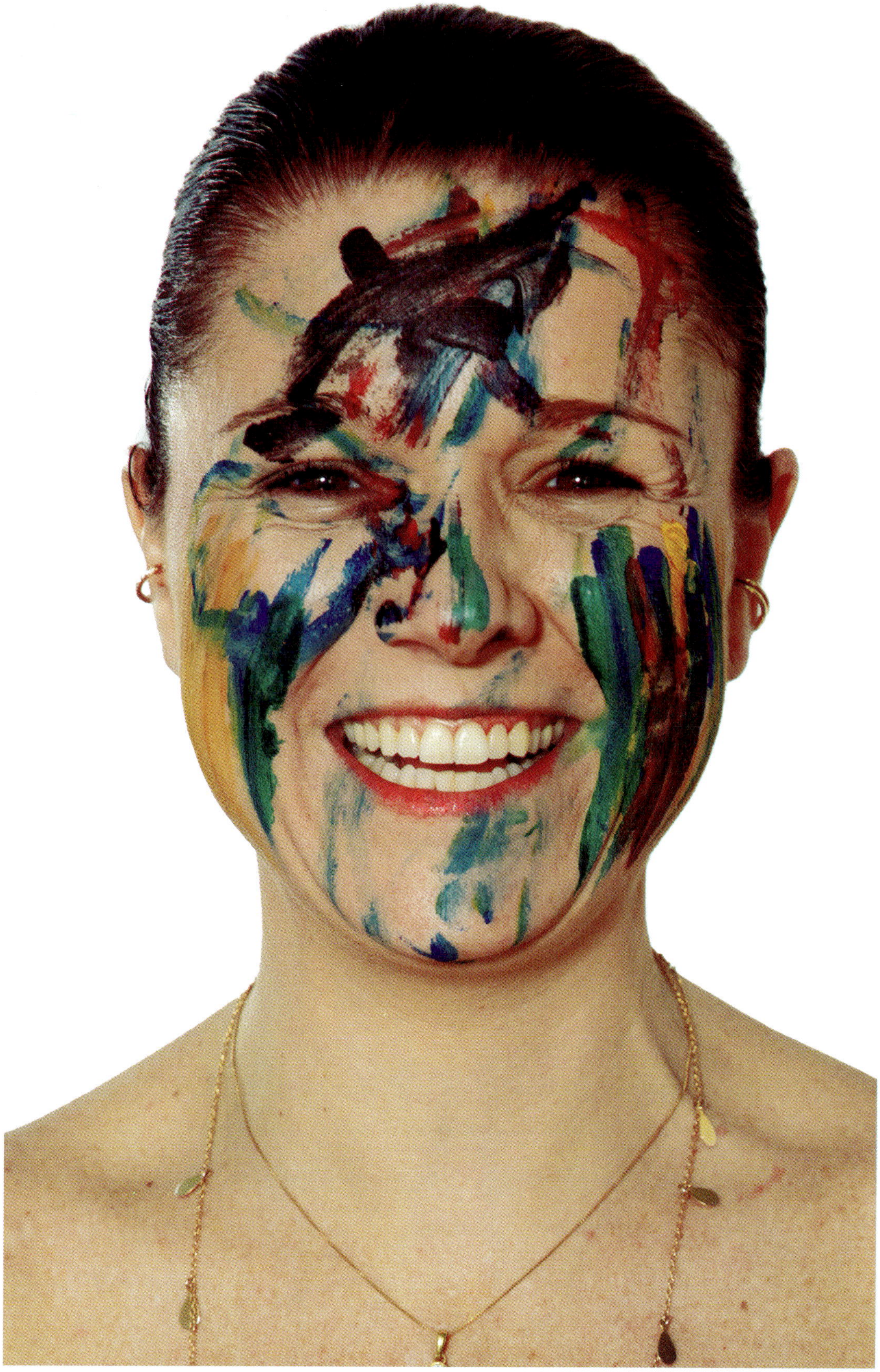

# ELIZABETH MORAES DE PAULA

"Poder olhar em seus olhos e sentir seu amor sincero e profundo são momentos únicos, e poucas vezes consigo essa oportunidade por tão longo tempo. Quando Ana pintou meu rosto, pude sentir o quanto estávamos conectadas, ela me olhando fixo com seus olhinhos brilhantes e concentrada em meu rosto, que sempre quis mostrar, através do meu olhar, o amor que sinto por ela. Foi uma das experiências mais lindas e únicas que vivi, uma ideia maravilhosa e original em seus detalhes.

Agradecimentos à querida Grazi e ao Dr. Gadia por essa iniciativa tão especial através desse projeto que irá ficar guardado para sempre."

**Elizabeth Moraes de Paula (mamãe) de Weston, Flórida, e papai Diego Nunes Ribeiro, de Campinas (SP). Nossa querida filha: Ana Elisa Meinberg M. Ribeiro, (sete anos).**

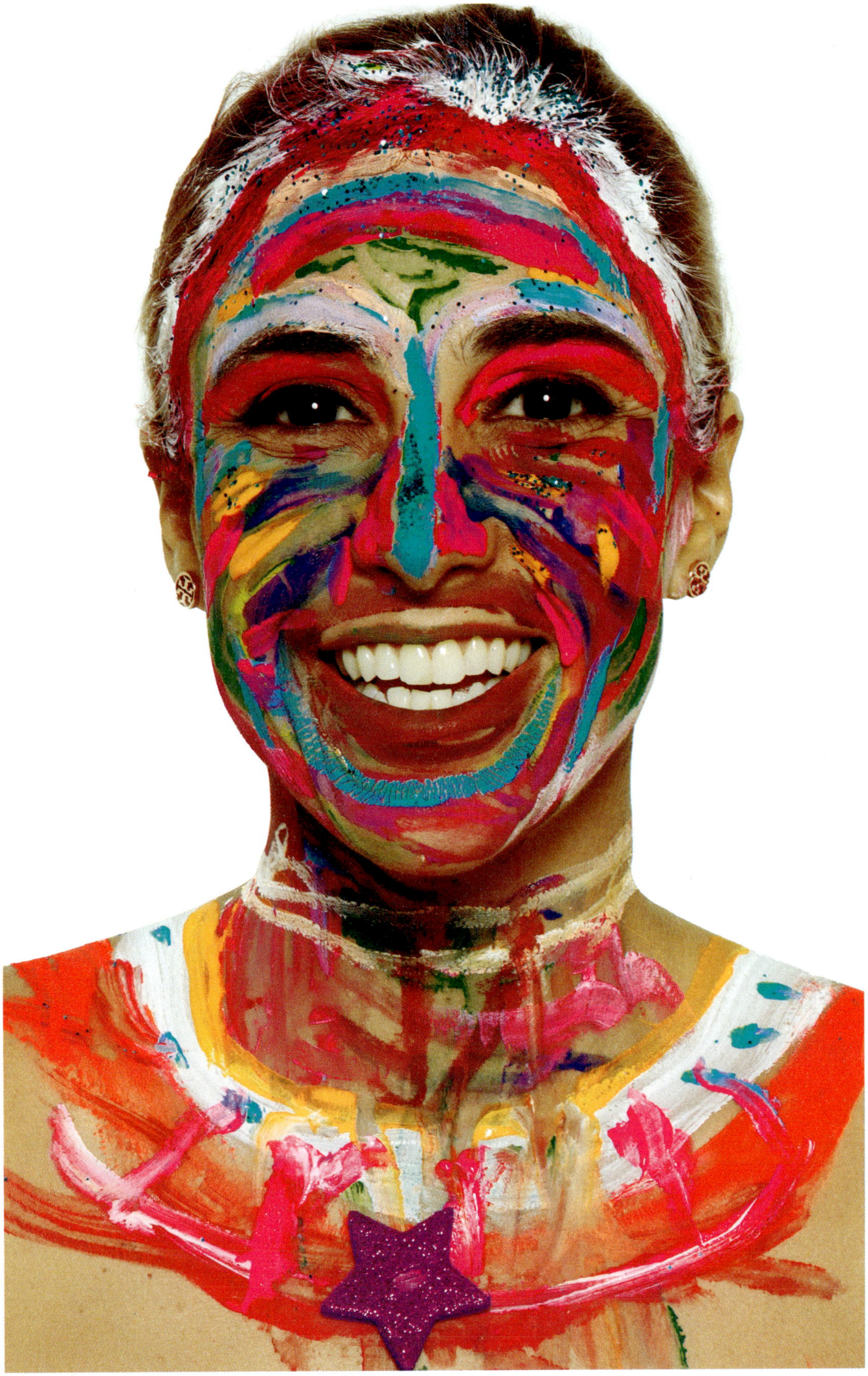

# DANIELA SOPHIA

"Tive a oportunidade de ter o meu rosto pintado pela minha filha e essa foi uma experiência incrível. Com ela pintando o meu rosto, pudemos colocar em prática de uma forma bem leve e divertida várias habilidades que já trabalhávamos na terapia, como contato visual, interação social, coordenação motora e criatividade, e isso deixou essa experiência ainda mais gostosa e inesquecível."

**Daniela Sophia é estilista, casada com o André e mãe da Valentina, (oito anos), e mora em Weston, Flórida (EUA).**

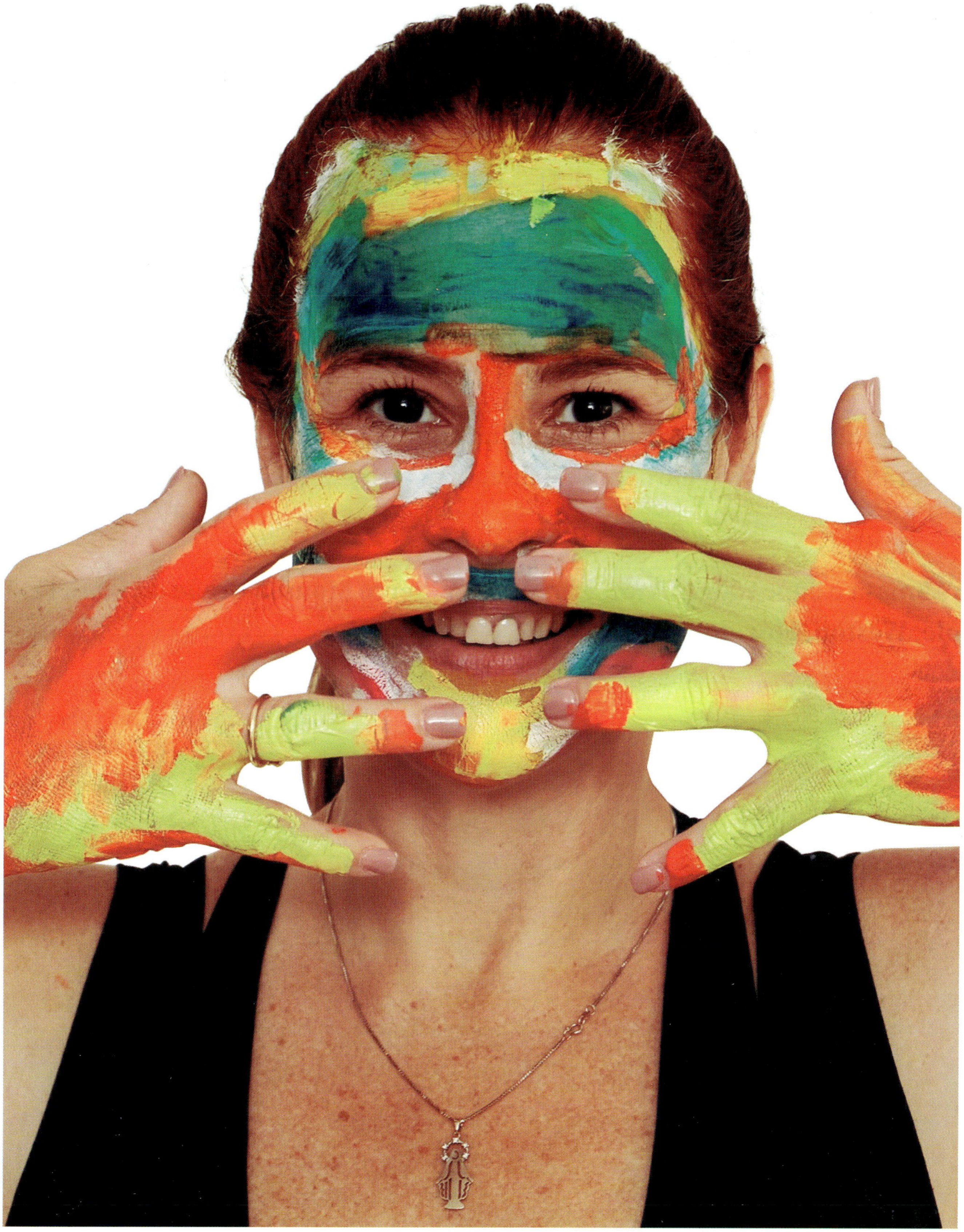

# ANA LETICIA MOUSSA

"Participar deste projeto é algo muito especial, pois foi uma atividade que conectou minha filha comigo e que possivelmente eu nunca faria em casa.

Isso me fez pensar o quanto eu posso trazê-la mais perto de mim com pequenas ações e muito amor.

Com certeza, surpreendeu muitas famílias, que puderam desfrutar de momentos que ficarão pra sempre guardados na memória e no coração!"

**Ana Moussa é educadora física, casada com Pierre Moussa e mãe da Izabel e da Nicole, Weston, Flórida (EUA).**

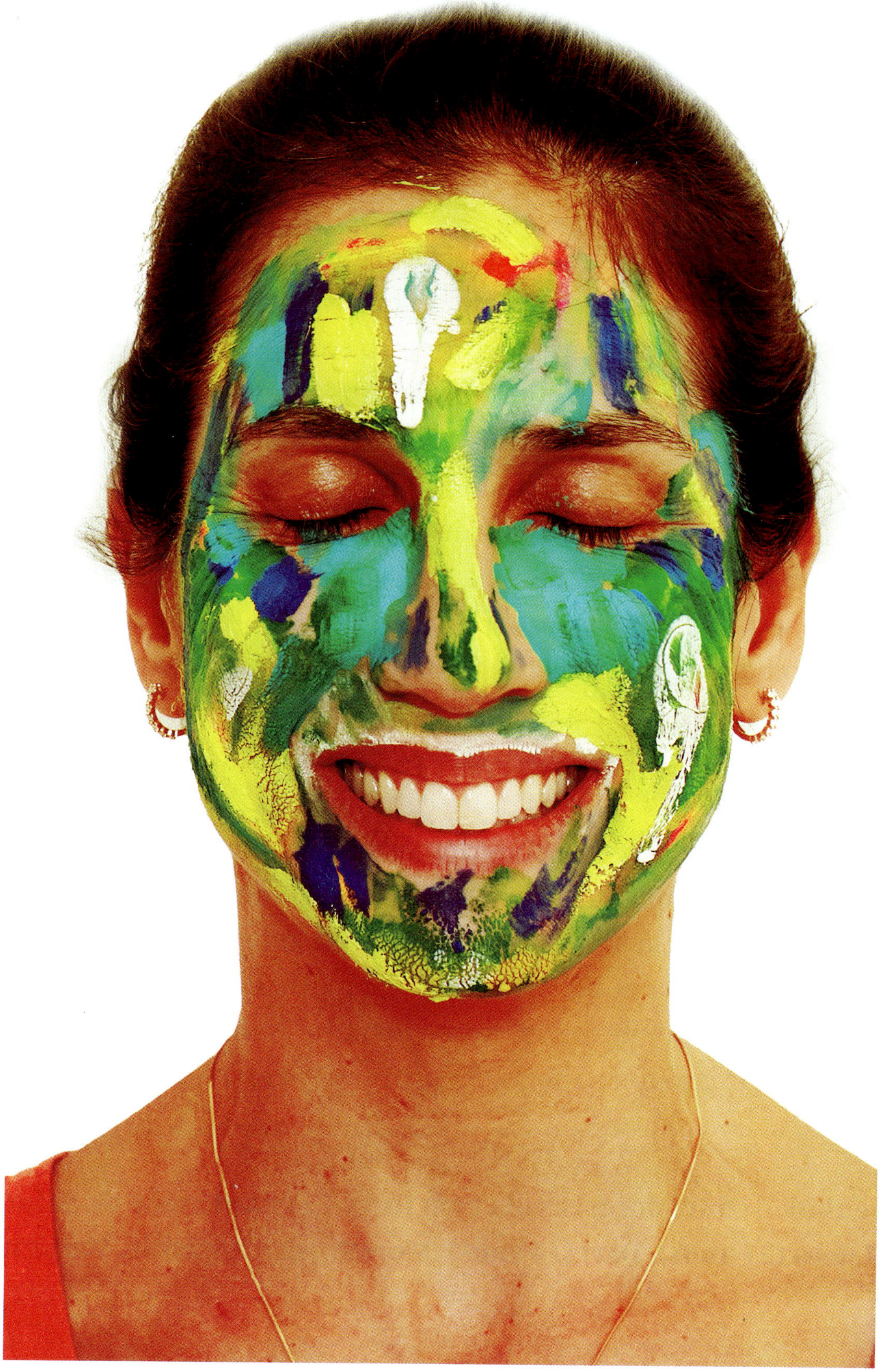

# TATI KSENHUK

„ Quando recebi o convite através da querida Grazi Gadia, curadora deste projeto tão único e cheio de empatia, já me emocionei e me senti tão especial como mãe! Meu coração se aqueceu a partir desse primeiro contato, porque a delicadeza desse convite me fez sentir muito bem, única e obviamente com uma grande expectativa de como seria essa experiência! Quando chegamos ao espaço para a pintura, meus olhos se encheram de lágrimas! O ambiente estava repleto de mães com seus lindos filhos autistas, algumas já com o rosto pintado, coloridos diferentes, e tinha uma emoção contagiante no ar! Essa harmonia entre as mães, seus filhos e a arte simplesmente não tem preço! Quando o Lucas estava pronto para me pintar e iniciou a primeira pincelada no meu rosto, foi como um flash de sentimentos e cenas passando pela minha memória. Confesso que lembrei rapidamente da nossa dor no início do diagnóstico, os processos que passamos juntos, mas principalmente e especialmente lembrei das alegrias deste caminho, que vieram com a aceitação, a superação, as conquistas e realizações dos sonhos, os sorrisos e abraços compartilhados! Acredito muito que todas as mães de filhos com TEA merecem e precisam passar por essa experiência única de celebração da vida, da individualidade, da história dos nossos filhos e da nossa história como mães. É marcante, é apaixonante, é inspirador, e um momento de muita, muita ternura! Muito obrigada, querida Grazi, por me proporcionar isso de maneira tão profunda, amorosa, e que transcende!"

**Tatiana Ksenhuk é educadora, casada com Hugo Ksenhuk, mãe de Sofia e Beatriz (23 anos), Lucas (21 anos), Davi (14 anos). Moram em Alphaville, Barueri (SP).**

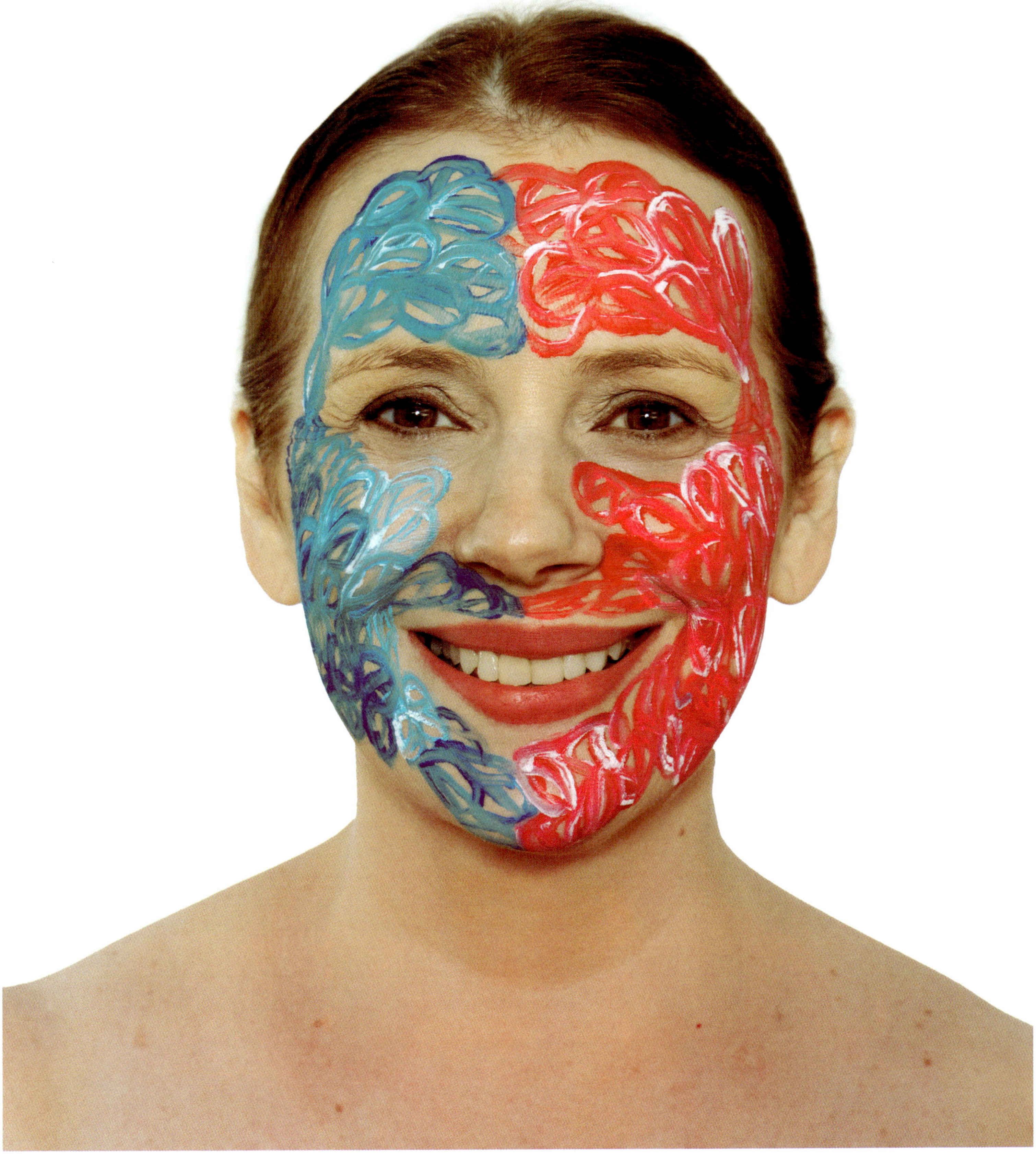

# MICHELLI PIRES

"Apreciar a arte sempre fez parte e foi prioridade na nossa família.

As saídas terapêuticas do Davi se iniciaram no MON, Museu Oscar Niemeyer, em Curitiba, tamanha a necessidade da família integrá-lo neste universo.

Entretanto, o Projeto *Autism Without Mask* teve uma simbologia maior na nossa relação mãe, filho e arte. Tivemos um momento nosso, onde o Davi se expressou através da arte, traduzindo aquele momento único de amor, carinho, cumplicidade.

Sou muito grata à Grazi Gadia pela oportunidade de participar de um projeto tão sensível, acolhedor, e ao mesmo tempo, nos fez entender a arte como um instrumento de mudança."

**Michelli Pires, Diretora da Clínica Emergir, casada com Augusto Pires, mãe de Pedro Pires e Davi Pires, Curitiba (PR).**

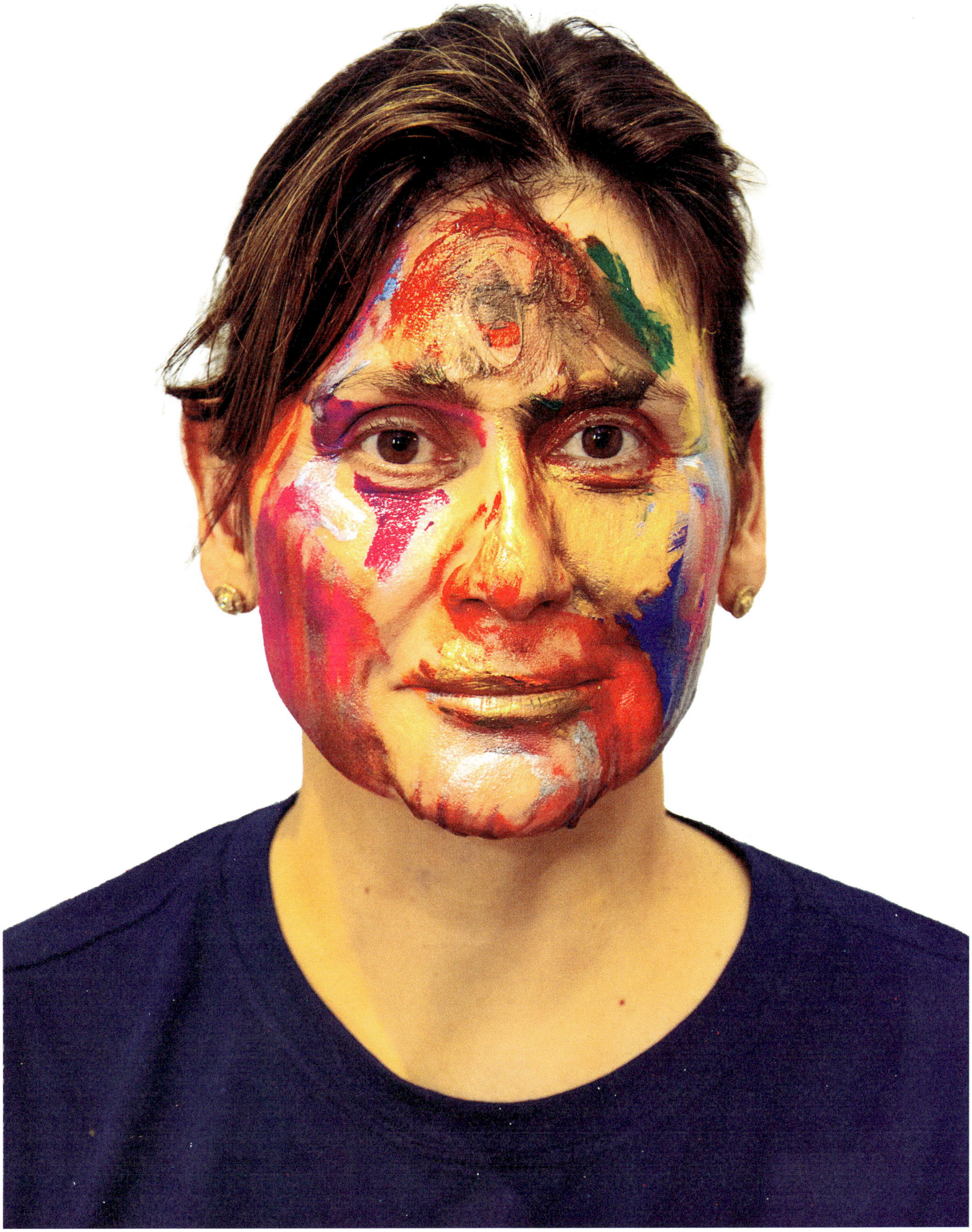

# MICHELE PALMA

"O principal sentimento que tive no dia em que participamos do *Autismo Sem Máscaras* foi, sem dúvida nenhuma, o contato visual que conseguimos desde o primeiro momento, quando meu filho pegou no pincel e se direcionou ao meu rosto. Uma das maiores dificuldades de pessoas com TEA é o contato visual, e eu percebi que, para ele, aquele momento não foi difícil, nós rimos e nos divertimos MUITO. Conseguimos entrar em sintonia com o contato olho no olho de forma divertida, animada e com uma cumplicidade única de mãe e filho, e para completar a experiência, ele chamou a irmã para participar da pintura. Tivemos no mínimo dois sentimentos e dificuldades superadas naquele momento: o contato visual e a socialização, com a interação entre nós, sua família. O autismo me ensinou que é nesses pequenos momentos que conseguimos grandes evoluções e superação.

Obrigada, Grazi, por nos proporcionar esse momento único e inesquecível!"

**Michele Palma, fundadora e coordenadora do IMA – Instituto Maringaense de Autismo. Mãe de Álvaro (TEA - 12 anos) e Heloíse, (oito anos), Maringá (PR).**

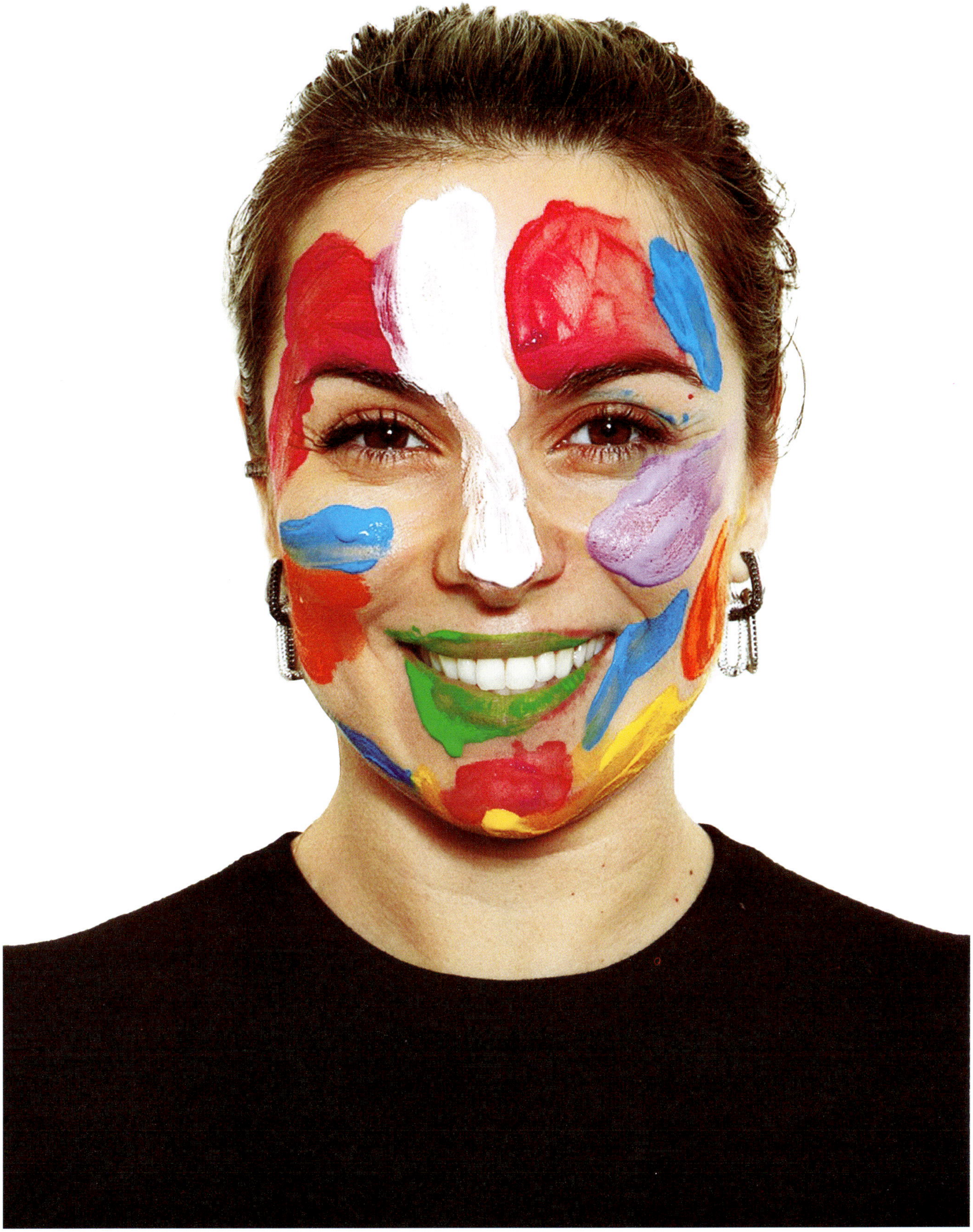

# CAROL FELÍCIO

"Quando fomos convidadas a participar do Projeto *Autism Without Mask*, além de ter sido uma honra, achei o projeto desafiador, inovador e de extremo momento de intimidade entre mãe e filha. Ser uma tela em branco e colocar cores e pincéis nas mãos da Ju foi mágico. Ver ela se inspirar, me olhar e ir colorindo cada detalhe foi profundo. Os filhos terem que olhar para os olhos, testa, boca, ver nossos detalhes, nomear, ver nossos filhos lidarem com texturas, cheiros, sensibilidades, terem cada um sua maneira de interagir para fazer a arte. Foi uma arte com vida, com emoção, com coração, com histórias. O projeto deu cara e cor a nós, mães e filhos. Esse projeto tem unido mundos diferentes para desenvolver o universo autista, dando-lhe evidência, de uma maneira incrível. O projeto deu oportunidade para o universo autista ser inserido no mercado de trabalho, da arte e da inclusão. Tem trazido conceitos e quebrado preconceitos de uma maneira criativa e diferenciada."

**Carol Felício é casada com Arnaldo; tem quatro filhos e a Julia (TEA - 23 anos), Ribeirão Preto (SP).**

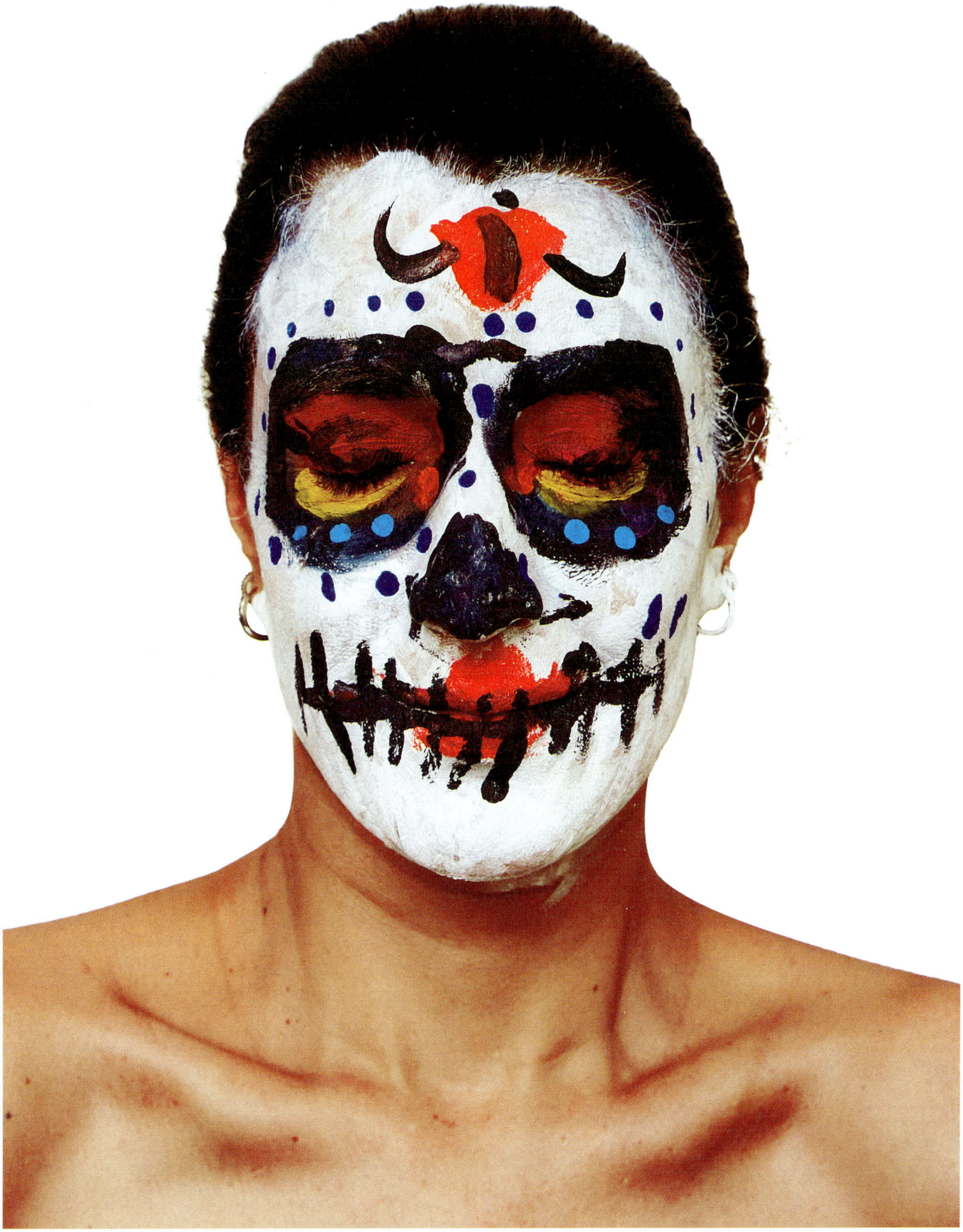

# CRIS GALLI

"A sensação de ter o rosto pintado pela minha filha foi indescritível, é uma troca de energia muito boa. É um momento único, de criatividade, de inspiração, de estar fazendo 'arte' de uma forma viva. As mães do TEA e de pessoas com deficiências muitas vezes não acreditam no potencial do seu filho, e esse projeto, *Autism Without Mask*, vem resgatar essa credibilidade de uma forma lúdica, onde mãe e filho estreitam os seus laços de amor."

**Maria Cristina Galli é professora, mãe de Ricardo Galli, Marina Galli e Francisco Galli Netto, Catanduva (SP).**

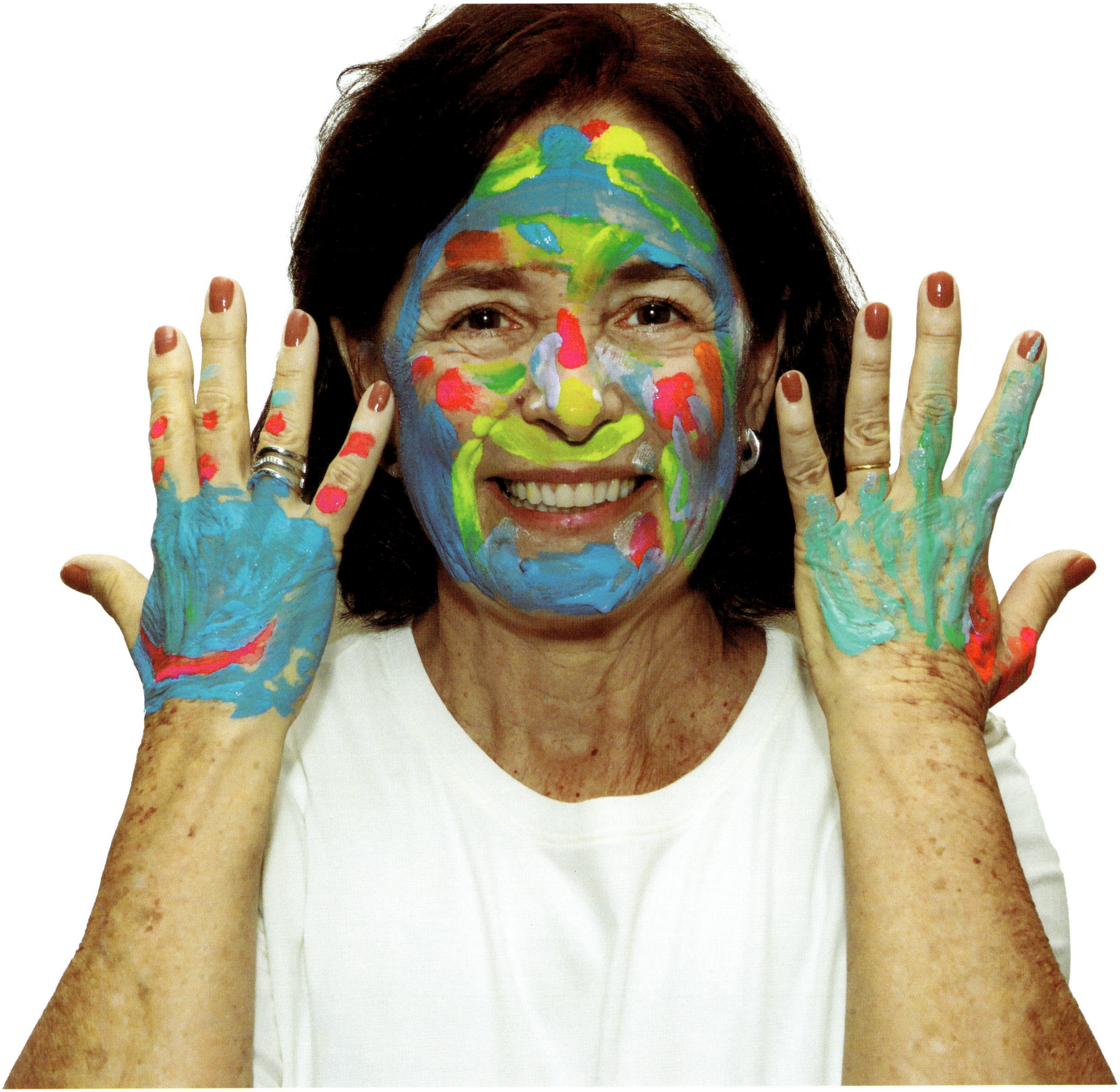

# DENISE LAM

"Fiquei muito honrada em participar do projeto e ser convidada para ter o meu rosto pintado pelos meus meninos. Sou mãe do Felipe e do Bruno, sou educadora e trabalho com educação inclusiva há dez anos.

Naquele momento, me dei o direito de brincar. Percebi que eu havia perdido a leveza na maternidade durante todo o tempo após o diagnóstico. Quando eles começaram a me pintar e achar engraçado que podiam fazer aquilo comigo, foi que me dei conta que a brincadeira havia sumido de nossas vidas, dando lugar a compromissos e preocupações relacionadas às intervenções.

O projeto foi um convite para que eu repensasse a minha relação com meus filhos. Te amo, Gra. Serei sempre grata."

**Denise Lam é psicopedagoga, fundadora do Projeto Te Ajudo a Aprender. Casada com Michel, e mãe de Felipe e Bruno Lam. Mora em São Paulo (SP).**

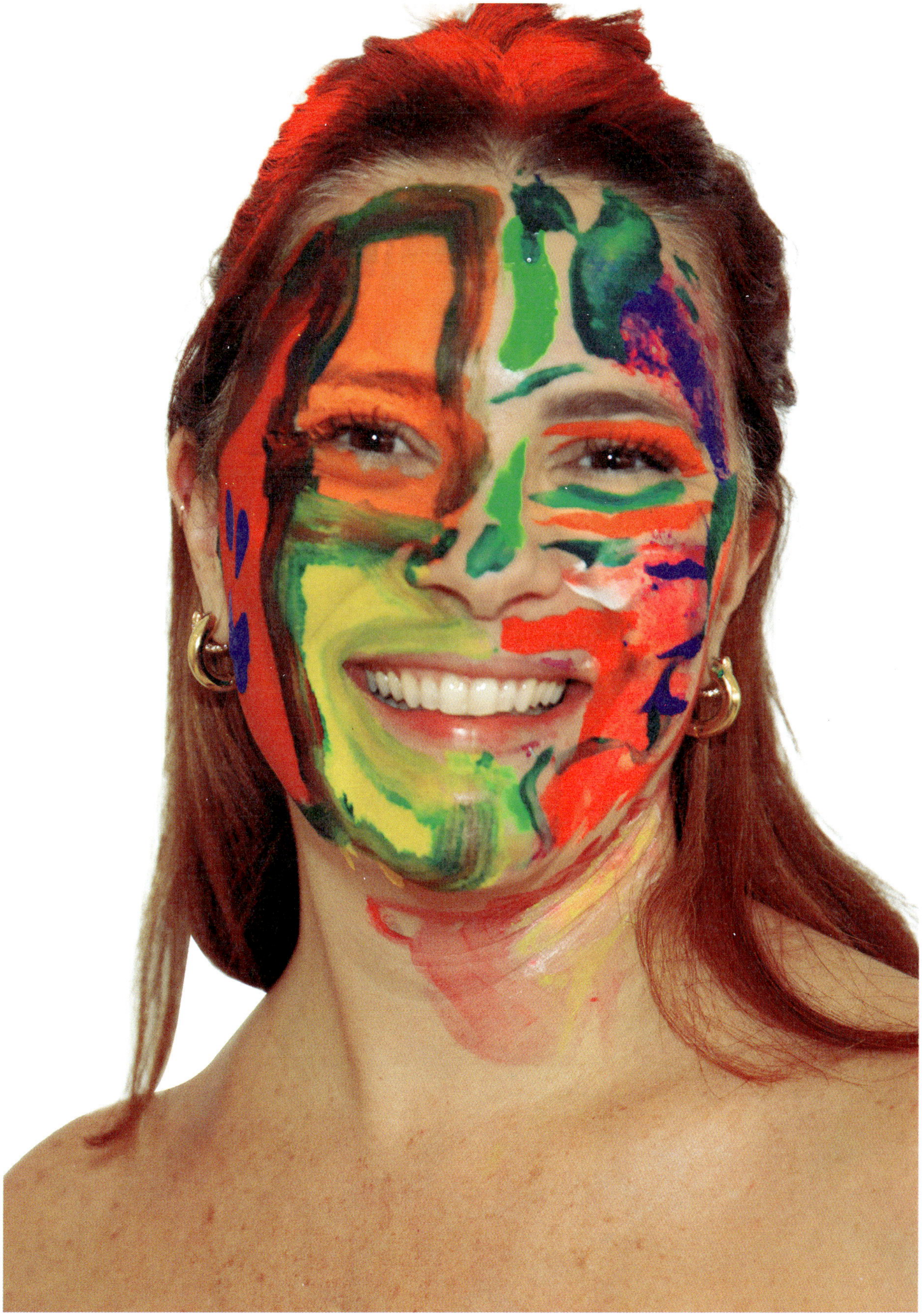

# ANA CAROLINA BARREIROS

"Quando Dudu começou a pintar meu rosto, eu estava muito apreensiva, sem saber se ele estava entendendo toda aquela situação. Percebi que ele se divertia usando as cores no meu rosto – ficamos um tempo nos olhando e rindo, foi muito especial e único aquele momento.

O projeto é grandioso, inclui, através da arte, a mesma arte que une, acalma e inspira tantas pessoas diferentes. Eles são capazes e não existe limite enquanto houver amor.

Com carinho, Ana Carolina e Caio Barreiros."

**Ana Carolina Barreiros, casada com Caio Barreiros, é mãe de Dudu, São Paulo (SP).**

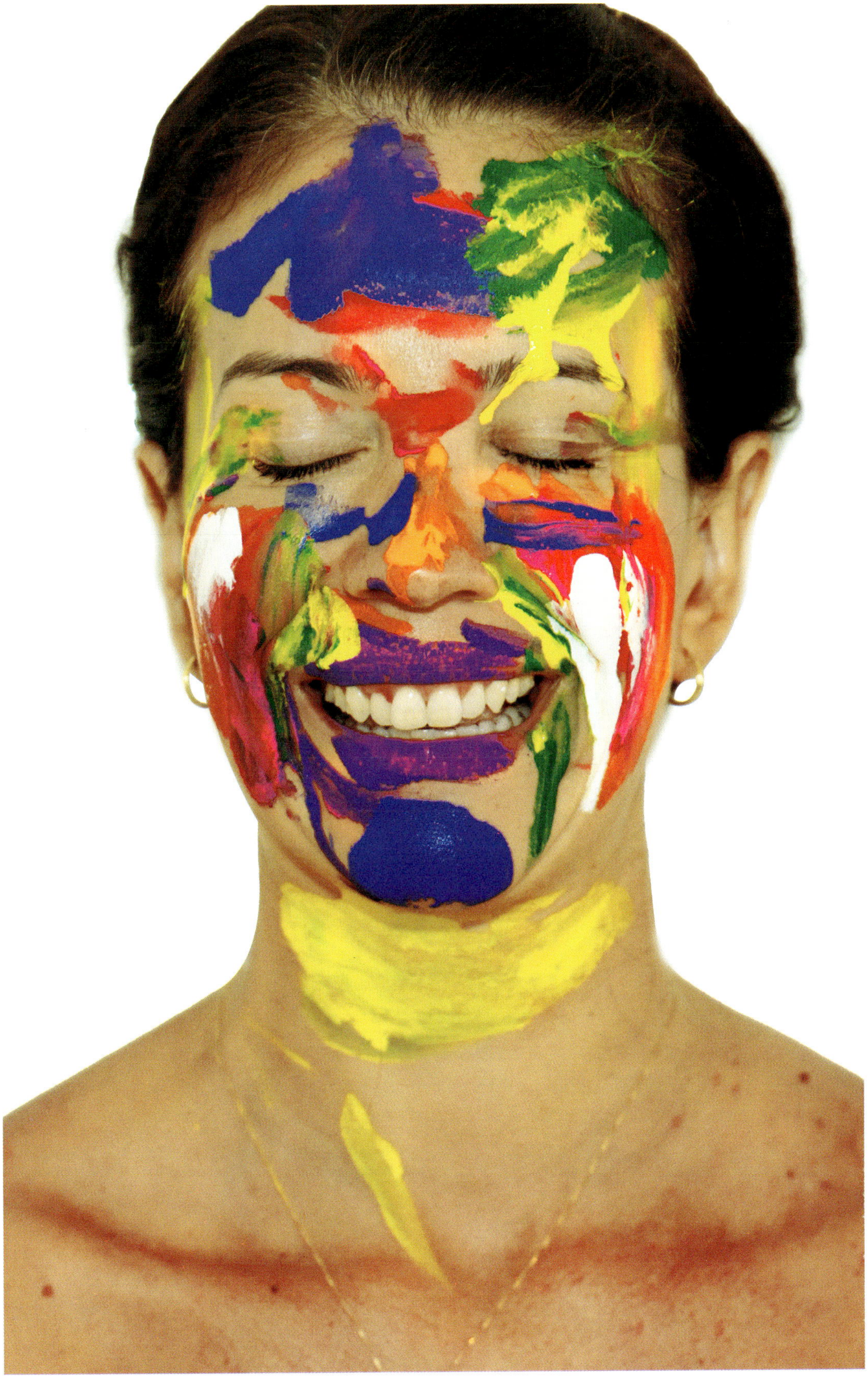

# NINA FONTENELE

"O Projeto *Autismo Sem Máscaras* me proporcionou um momento único de conexão com meu filho. Aqueles minutos do Noah pintando meu rosto foram muito recompensadores.

Envolveu troca de olhar, toque, sorrisos genuínos. Foi emocionante.

Através da arte, o Projeto *Autismo Sem Máscaras* promove a inclusão e o reconhecimento do talento e potencial de indivíduos autistas e suas famílias."

**Nina Fontenele, intérprete. É casada com Rodrigo Fidelis, empresário, e mãe de Noah Fidelis, (cinco anos). Hollywood, Flórida (EUA).**

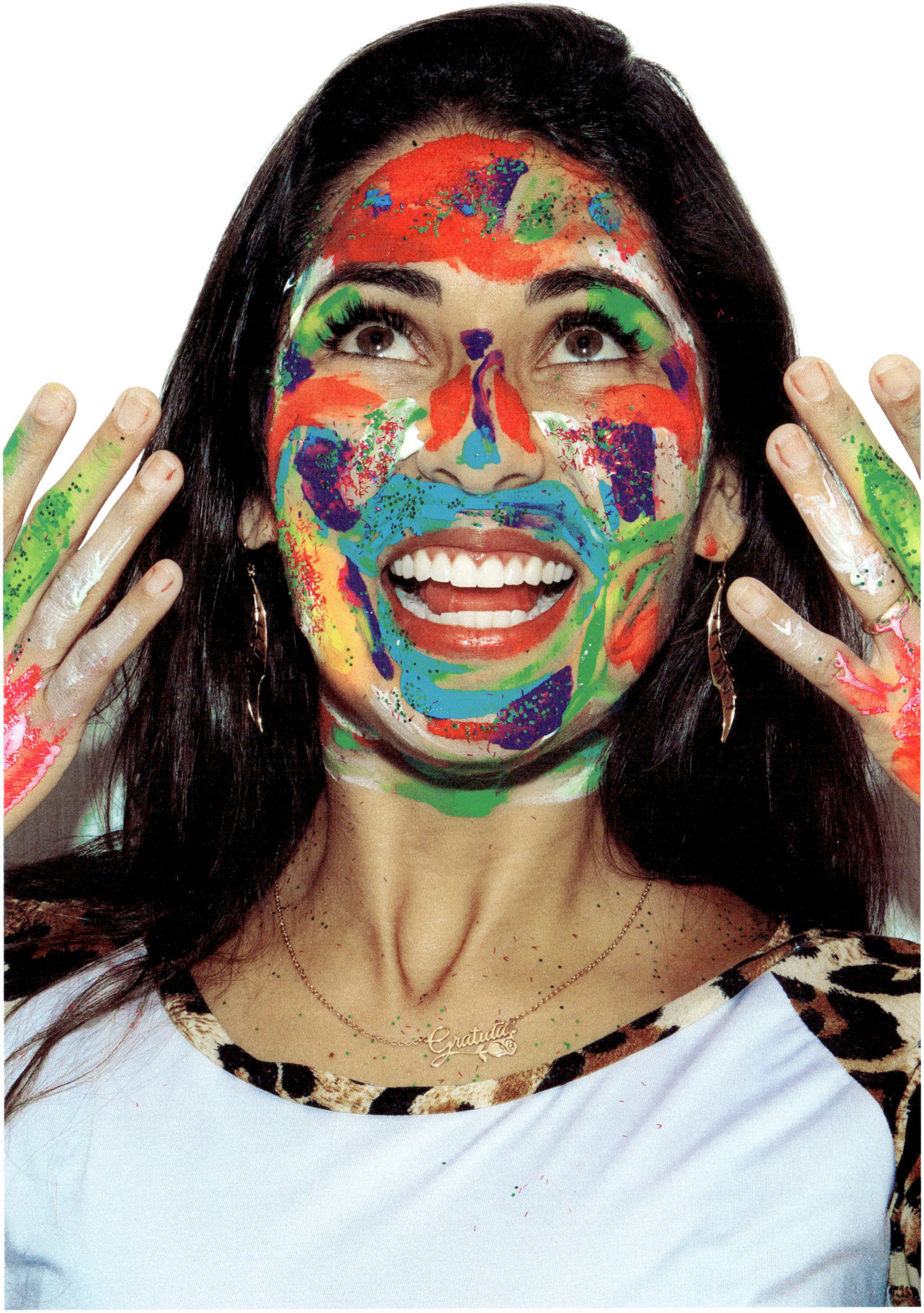
Gratidão

# MANAYRA M. VARNIER

"Ter tido a oportunidade de participar do Projeto *Autism Without Mask* foi de longe a mais incrível experiência que eu já vivi com o Vicente até hoje.

Mesmo com o ateliê cheio de pessoas, era como se só houvesse nos dois, estávamos ali, juntos, conectados como poucas vezes já estivemos. Ver ele concentrado, em silêncio, me olhando nos olhos, sentir seu toque, perceber a sua atenção em escolher as cores, notar seu cuidado em deixar um lado do rosto o mais parecido possível com o outro, e presenciar a sua reação de alegria no final, ao ver o resultado da sua 'obra', tudo isso fez com que eu sentisse um acalento na alma – com uma felicidade tão grande – que me deixou emocionada. E é essa a importância que eu vejo neste projeto: ele traz acalento para as almas das mães, e mais ainda, possibilita conexões e contatos profundos com seus filhos, e para eles, lhes dá confiança, liberdade e independência para imaginarem e construírem sua própria 'obra'."

**Manayra M. Varnier, fisioterapeuta, é casada com Renan F. Varnier e é mãe de Vicente M. Varnier. Weston, Flórida (EUA).**

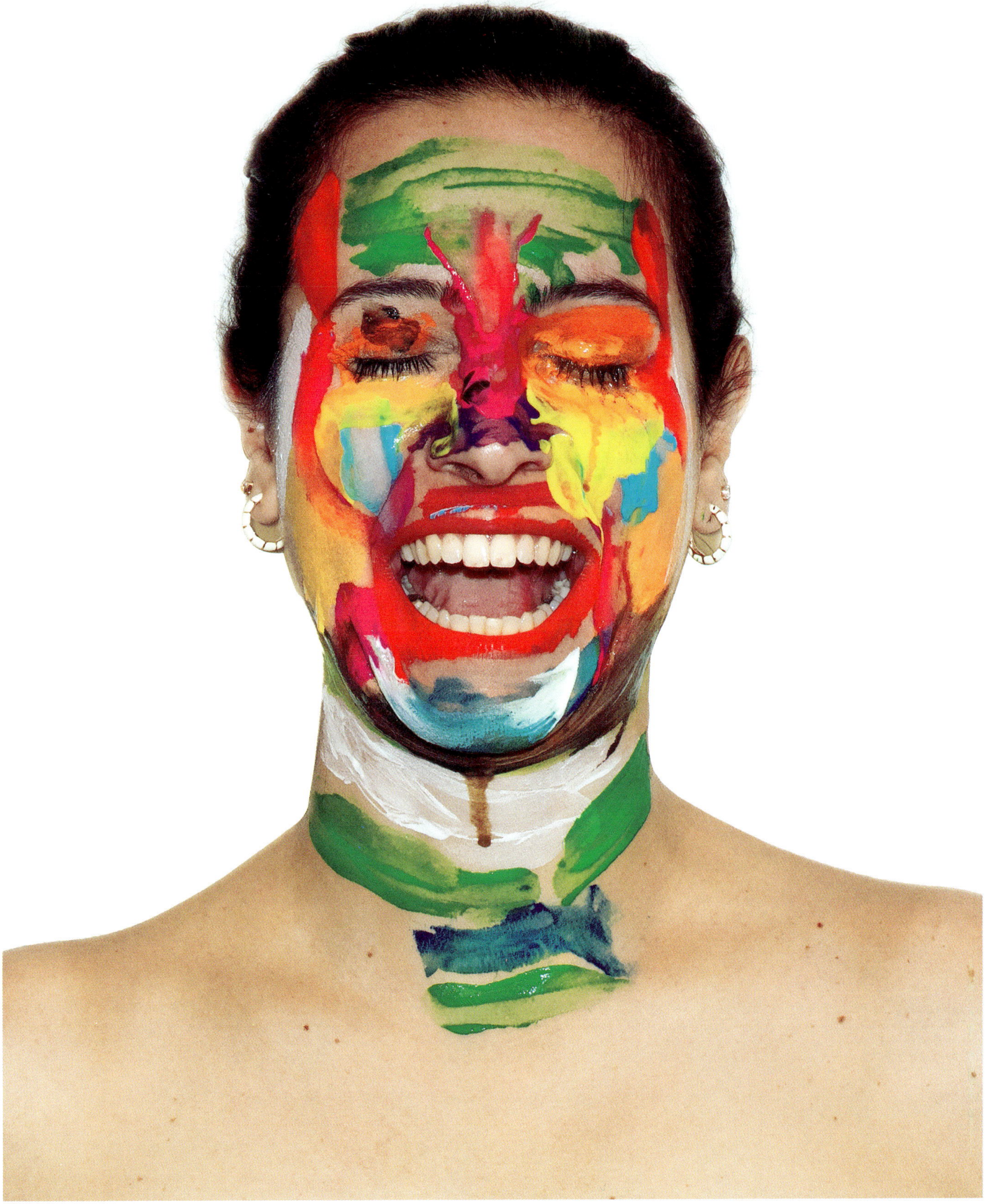

# LUCIANA JUNQUEIRA

"Quando meu filho, Enzo, diagnosticado com autismo, se sentou na minha frente para pintar o meu rosto, foi um momento inesquecível, uma experiência única! Ver aquela conexão nos olhinhos dele, mesmo que por segundos, valeu meu dia! Sempre acreditei na arte como momento de reflexão, e fazer um projeto com ele foi incrível."

**Luciana Junqueira, casada com Bruno, mãe de Enzo e Felipe Junqueira. Mora em Miami, Flórida (EUA).**

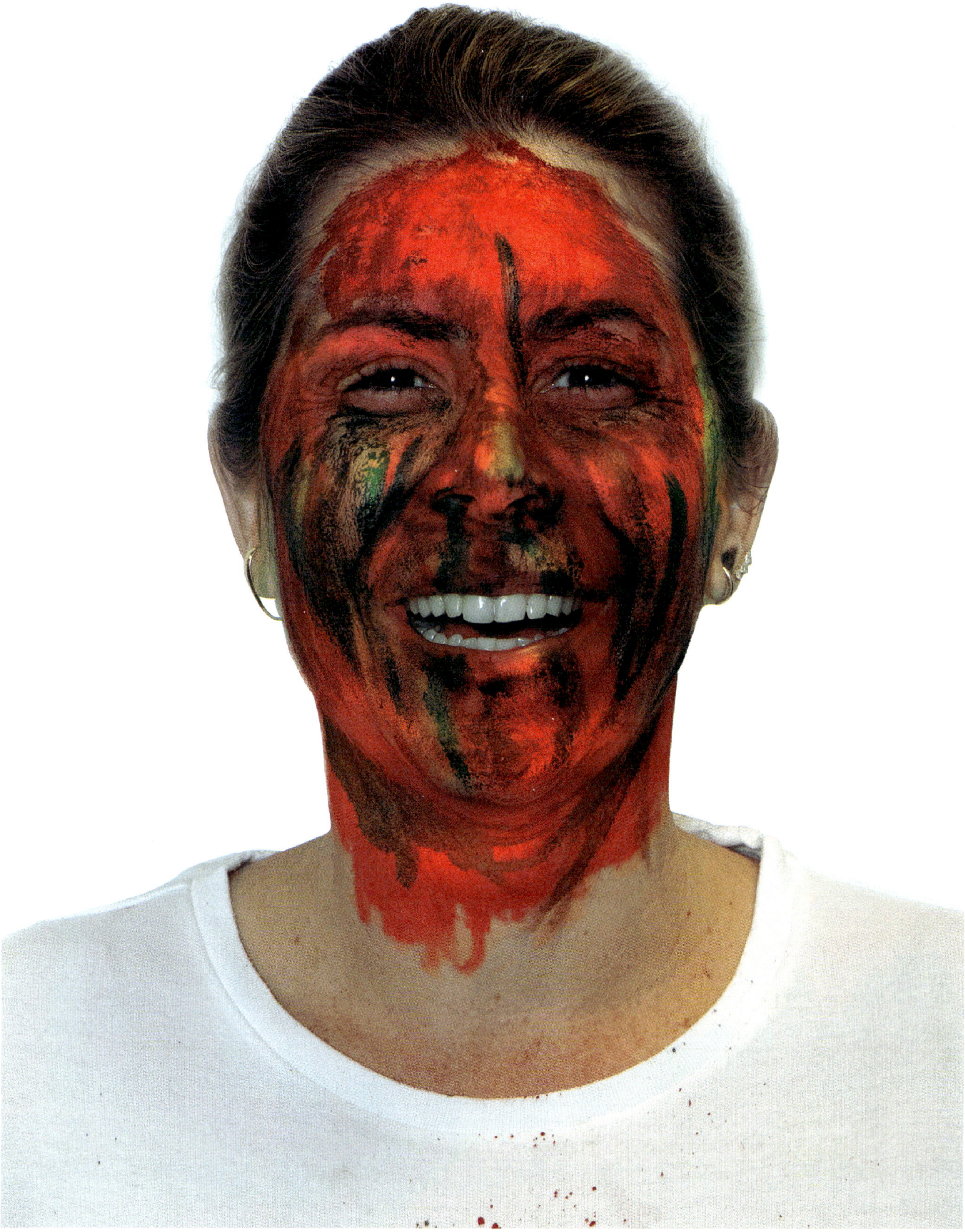

# DARLINE LOCATELLI

" Foi uma manhã de conexão em nossa casa junto do meu filho, se divertindo comigo, através da lente e do olhar de dois profissionais amigos, Marcio Amaral e Grazi Gadia, uma imersão misturada com *workshop* e divertimento.

São essas memórias que significam demais para nós, familiares de filhos atípicos, em nossas vidas.

Um projeto lindo e sensível, que foi eternizado em um quadro exposto pelos corredores da nossa casa, uma imagem forte que lembrarei com muita alegria."

**Darline Locatelli e Luiz Henrique Renault de Castro, pais de Carlo, (oito anos), e Pietro, (12 anos), São Paulo (SP).**

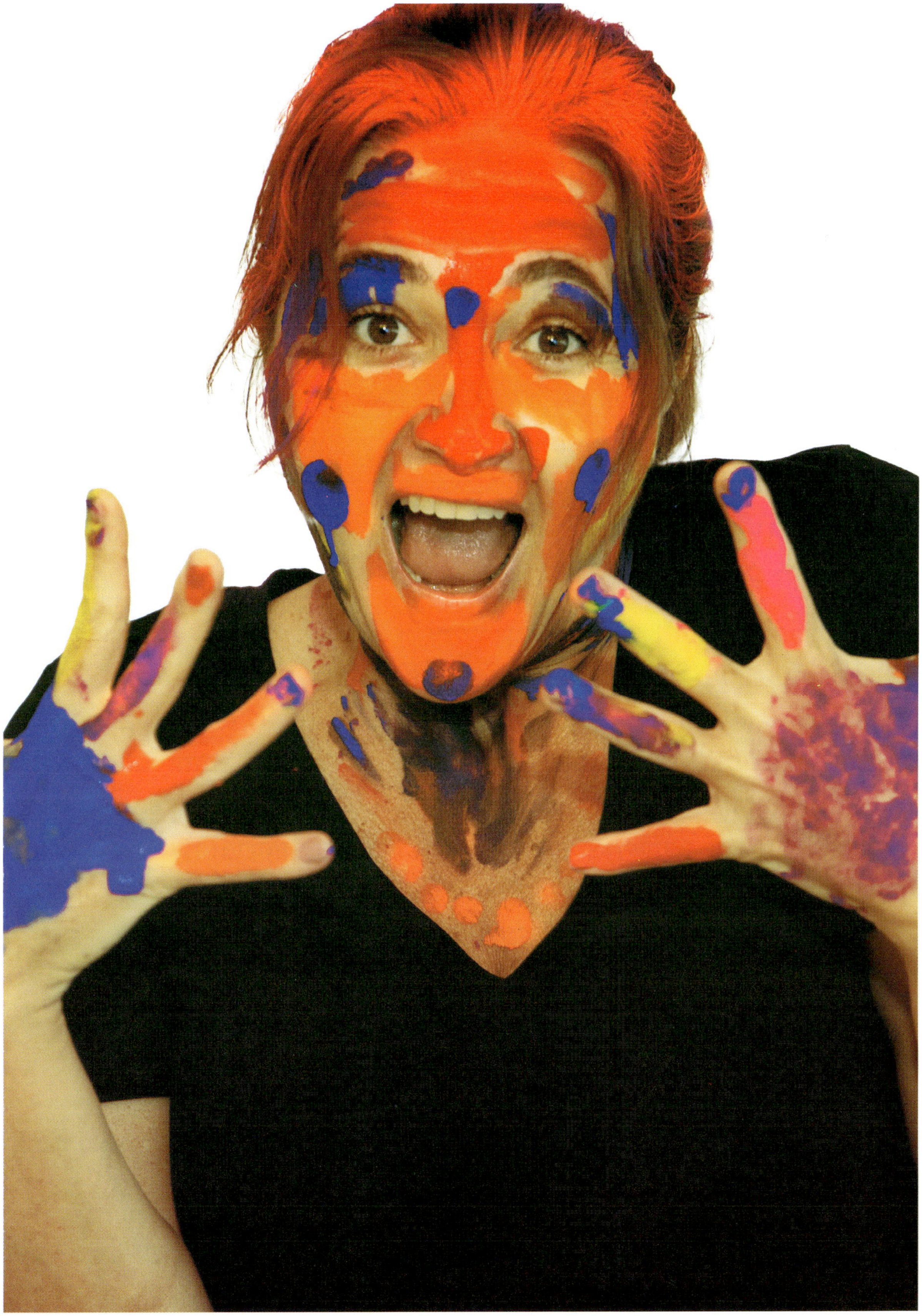

# ÉRICA BARBIERI

"Em 2022, fomos convidados pela Grazi Gadia para participar do *Autism Without Mask*. Ficamos preocupados se seria uma experiência possível, considerando que nossa Isabele tem autismo severo e, portanto, muita dificuldade de olhar nos olhos. Preparamos as tintas, escolhemos uma tarde de sábado em um horário que geralmente estamos em casa com a família. Logo que colocamos o material próximo à Isabele, ela pegou os pincéis e já se engajou na tarefa, e foi uma tarde emocionante. Como a pintura era no rosto, ela pronunciava os gritos de 'uhhhh', de índio, uma associação com as pinturas da cultura indígena.

Nessa experiência, percebi que ela nos conhece bem... e tê-la olhando nos nossos olhos, se divertindo com a pintura, foi uma das melhores experiências. Conseguimos perceber a admiração e amor dela por nós, ela estava feliz e interagiu como nunca. Sentimos que nossa filha percebeu a importância daquele momento para nós e deu um show de participação, mesmo com sua dificuldade em lidar com tintas. Isabele tem baixo repertório de palavras, mas se utiliza do comportamento não verbal. Seus olhares profundos e direcionados foram mensagens de grandes significados para nós, só possíveis com o Projeto *Autism Without Mask*. Gratidão, Grazi, por nos permitir sentir nossa filha tão próxima de nós. Desejamos que todos os pais de autistas possam participar dessa experiência, que nos aproximou de nossa princesa."

**Érica Rezende Barbieri, neuropsicóloga. Mãe da Isabele, Eliã e Enã. Pai: Célio Luciano Barbieri, Rondonópolis (MT).**

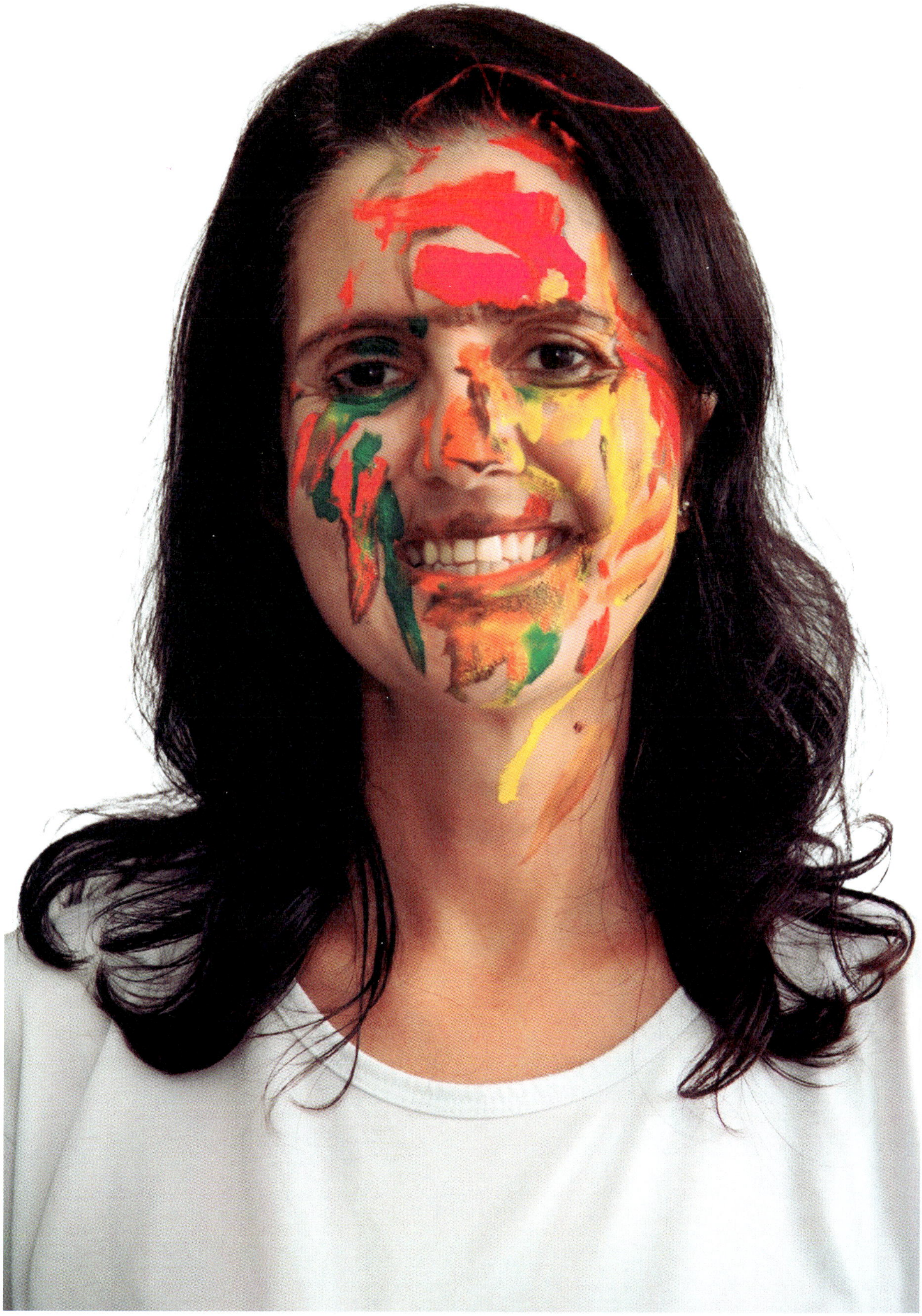

# SANDRA KRUGMANN

"Esse trabalho, *Autism Without Mask*, mexeu tanto comigo. Vendo as fotos... quando Andressa inicia a pintura, meu rosto está sério, foi assim quando recebi o diagnóstico. A apreensão do início, as dúvidas: vai falar? Vai ter uma vida plena? Depois, começo a me deixar envolver pelo processo, ver a beleza contida na jornada, e termino com o semblante sereno e feliz, de quem aceitou e encontrou alegria no processo. As fotos do *Autism Without Mask* revelaram como foi e é a nossa história!"

**Sandra Krugmann é casada com Johnny Krugmann, mãe de Thomas e Andressa (TEA), e mora em Maracaju (MS).**

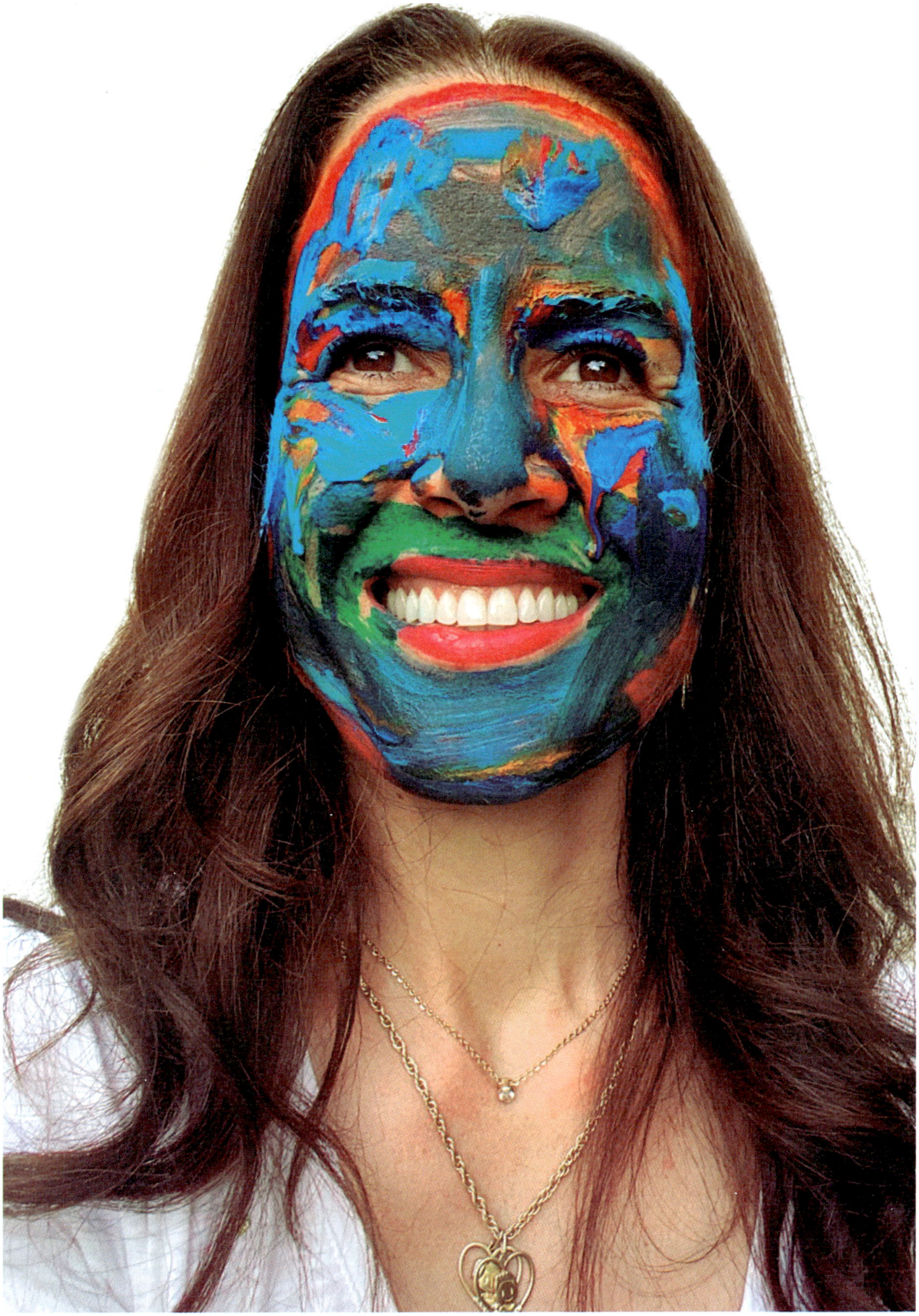

# JAMILE PORTUGAL

"O que eu senti no momento em que o Davi pintou o meu rosto... Esse momento foi muito especial, uma explosão de amor e arte! Eu e ele nos conectamos através do olhar, do toque, do sorriso, um momento único e especial, só nosso, que transmitiu todo o amor que sentimos um pelo outro, amor de mãe e filho! Amor incondicional!

Sou apaixonada pelo Projeto *Autismo Sem Máscaras*, no qual tive a imensa honra de ser uma das mães participantes.

Esse projeto é incrível, pois usa a arte como forma de expressão do autista, proporcionando liberdade em seu processo criativo e, em especial, uma conexão entre mãe e filho, um momento de reciprocidade único e especial, só nosso, o qual, na correria do dia a dia, muitas das vezes não conseguimos ter. Foi um momento inesquecível, onde criamos uma memória afetiva que ficará guardada por toda a vida!

Esse projeto não é só importante, mas necessário para que outras mães possam ter a oportunidade de experimentar esse momento único e especial, em que mães e filhos, através das expressões faciais, do contato visual e da linguagem corporal, expressam todo o amor através da arte, criando laços afetivos e memórias inesquecíveis."

**Jamile Portugal, psicóloga, é mãe de Davi Portugal e esposa de Denis Portugal, Macaé (RJ).**

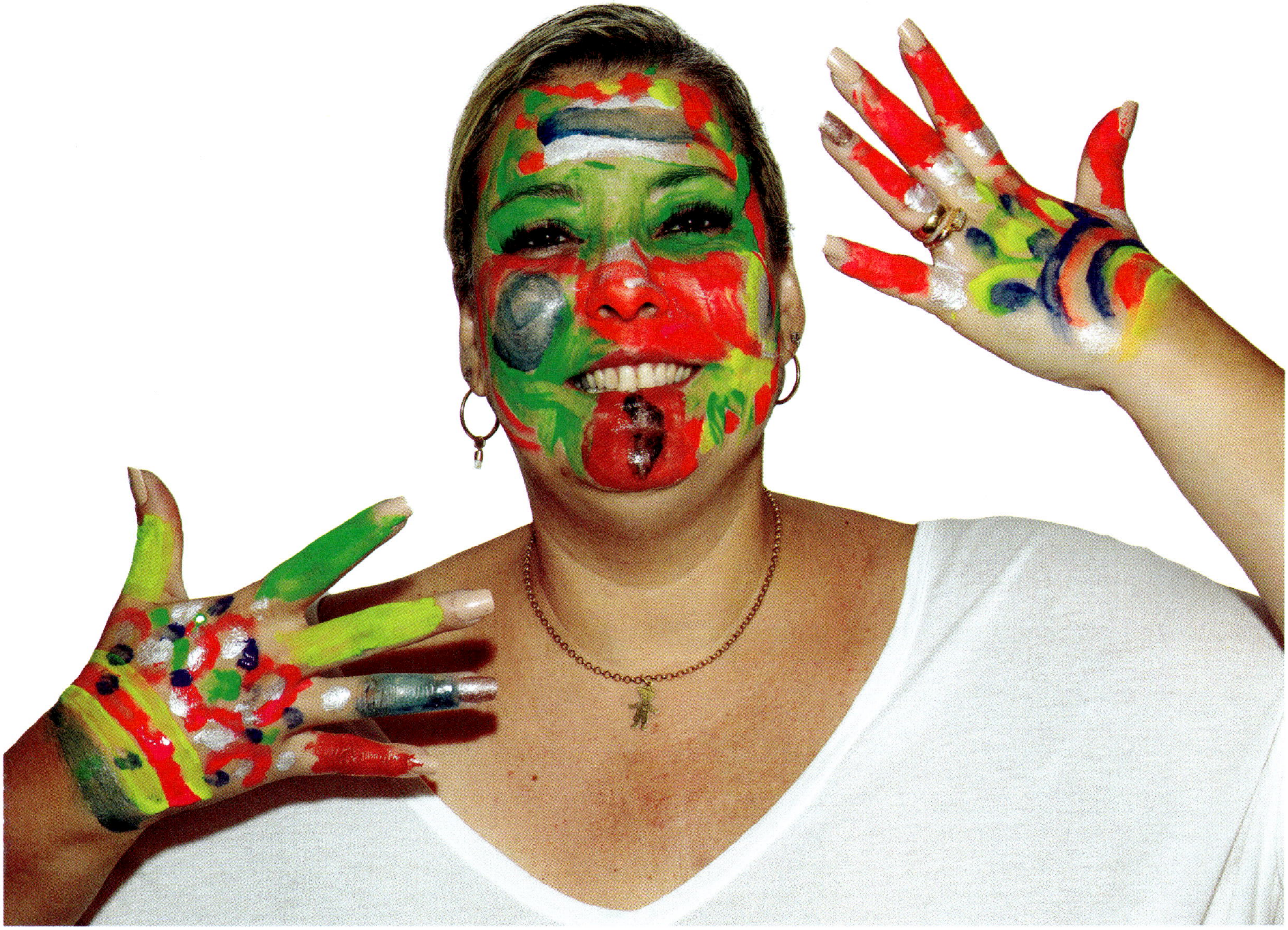

# CÁSSIA HIGASHI

"Fazer parte do *Autism Without Mask* foi mágico, me senti completamente feliz, com muito orgulho e admiração pelo meu filho. Quando o Ricardo pintou o meu rosto, consegui perceber o seu amor e a emoção da nossa conexão. Ele se sentiu livre, sem cobranças, e desenvolveu um trabalho lindo, através da arte. O seu sorriso transbordava, o contato visual permanecia, sempre com a certeza de que estava fazendo o mais lindo trabalho. Esse projeto é muito importante, me senti mais forte como mãe, porque, além de trazer conscientização, acolhimento, amor e respeito às pessoas com o Transtorno do Espectro Autista, tanto eu quanto meu filho descobrimos que ARTE é estar conectado de maneira livre, leve, prazerosa – enfim, um momento de muito AMOR."

**Cássia Higashi Jardim Tanios é cirurgiã-dentista, casada com Ricardo Tanios, mãe de Ricardo, Leonardo e Mariana, Jales (SP).**

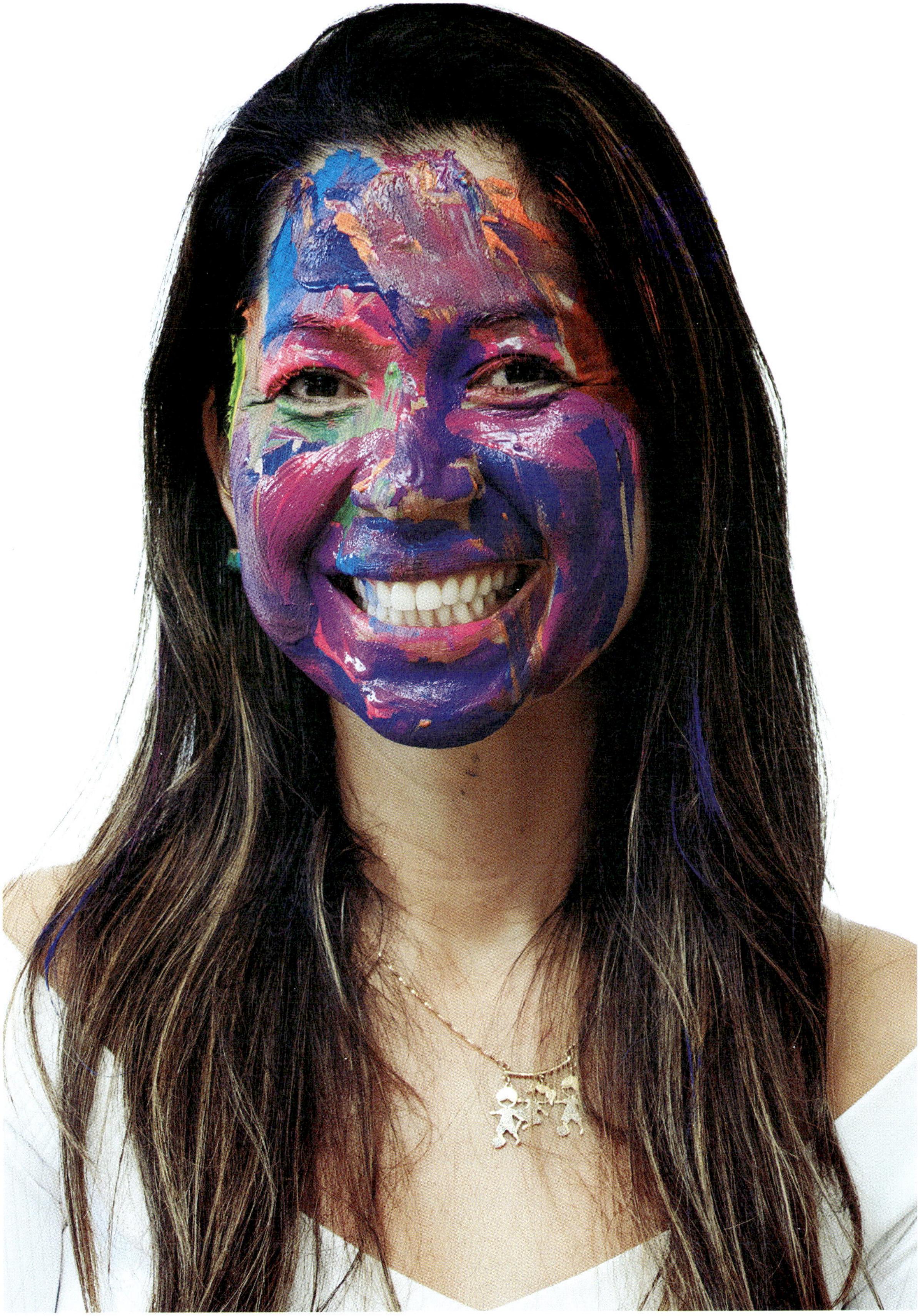

# JULIANA CALGARO

"Ter participado do *Autism Without Mask* com minha filha foi uma experiência mais que incrível! Ela adora pintar, mas nunca tinha usado meu rosto como tela. Pra ela, foi uma maneira diferente e ousada de expressar sua arte e demostrar como tinha a 'mãe colorida' em mente. Eu acho esse projeto de suma importância, permitindo uma intensa conexão da mãe com seu filho com TEA."

**Juliana Calgaro é agente de seguros de vida. Mãe da Ana Julia, (14 anos). Deerfield Beach, Flórida (EUA).**

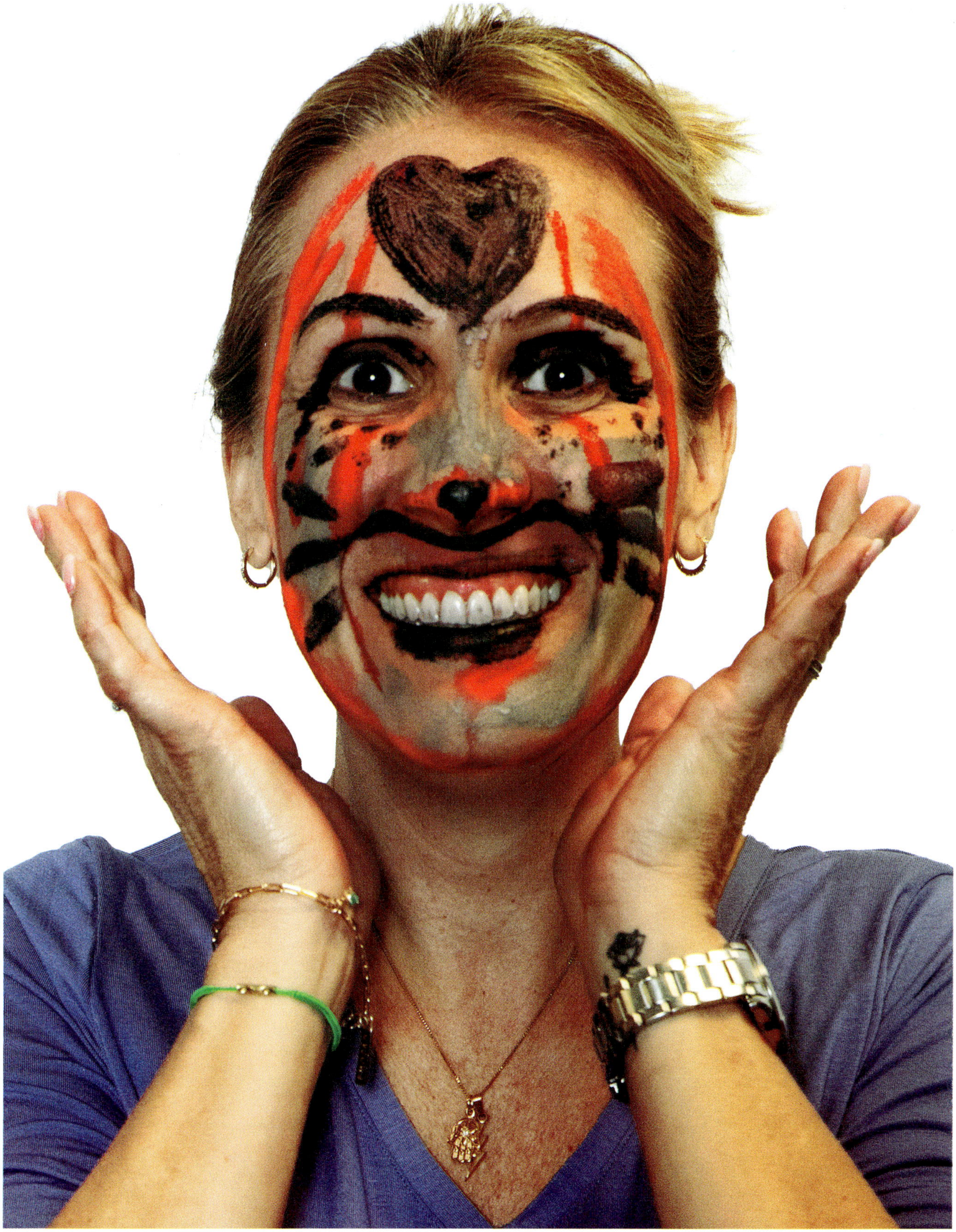

# FLÁVIA GUSMÃO

"Eu senti como estivesse recebendo um carinho com dedicação e amor, com pinceladas de travessura!

Na minha percepção, o projeto gera uma linda conexão entre mães e filhos, facilitando a comunicação de mão dupla, o contato visual e a expressão das emoções através das cores e dos traços.

Esse projeto mostra também que a arte não precisa estar em uma moldura. O meu rosto passou a ser a tela! E acredito que essa flexibilidade expande muito a criatividade!

No caso do JP, ele teve muito receio de 'fazer errado', mas, com o passar do tempo, entendeu a brincadeira!

Tenho certeza de que ele aprendeu muito com essa experiência e, principalmente, que poderia criar e arriscar!"

**Flávia Gusmão, fundadora da Cog Life Arts, esposa de João Carlos Pacheco, mãe de João Pedro (15 anos) e Maria Clara (11 anos), São Paulo (SP).**

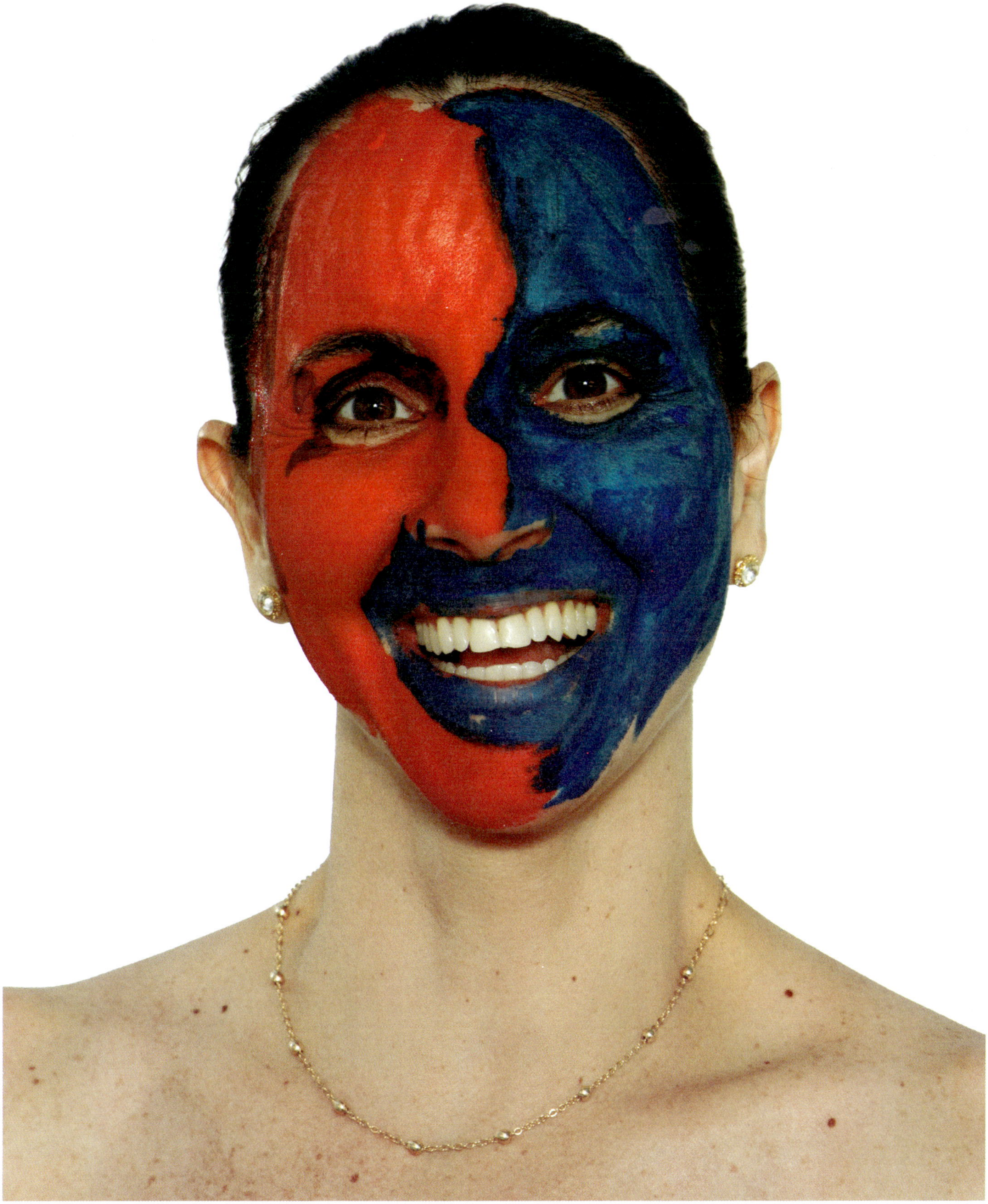

# LARISSA TAIZE FAVORETO DE ALMEIDA BISOL

„O Lucca é puro amor, ele é a força que move o melhor que existe em mim e todos os dias ele me ensina a ser minha melhor versão.

Participar do projeto foi uma experiência única de sentimentos e conexão. Isso porque o Lucca sempre teve uma conexão linda com a arte – entre os pincéis e tintas, ele se concentra e se diverte. Ser a 'tela' dele, sentindo toda essa conexão, foi um aprendizado único de sentimentos, envolvendo a comunicação extraordinária entre mãe e filho.

Sempre guardaremos esse momento com muito carinho, pois foi lindo e transformador. Só tenho a agradecer pela oportunidade."

**Larissa Taize Favoreto de Almeida Bisol, advogada, é casada com Vilson Bisol, mãe de Lucca Favoreto de Almeida Bisol (dez anos), São Paulo (SP).**

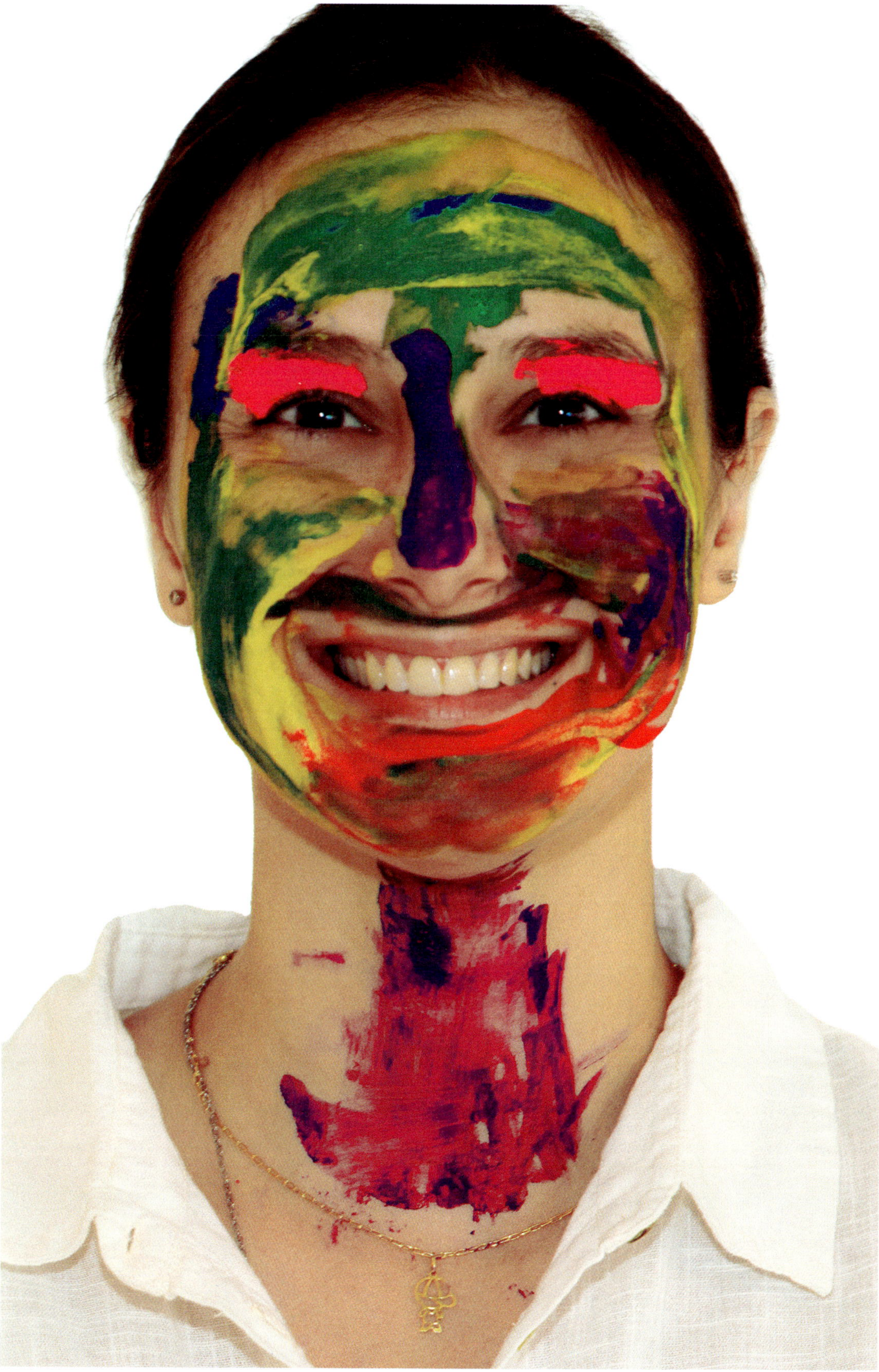

# LAÍS RIBEIRO

"Sou Laís Ribeiro, mãe do Gregório, de nove anos. A maternidade atípica é muito solitária, e participar desse evento trouxe uma conexão muito especial entre mim e meu filho, mas também entre mim e outras mães. Foi a primeira vez que me senti muito especial e pertencente a um grupo que me compreendeu e me acolheu de maneira linda.

A maternidade atípica ainda está envolta em mitos e tabus em nossa sociedade, e foi ótimo poder trazer o assunto à tona de uma maneira tão leve e artística."

**Laís Ribeiro, educadora, é mãe do Gregório, São Paulo (SP).**

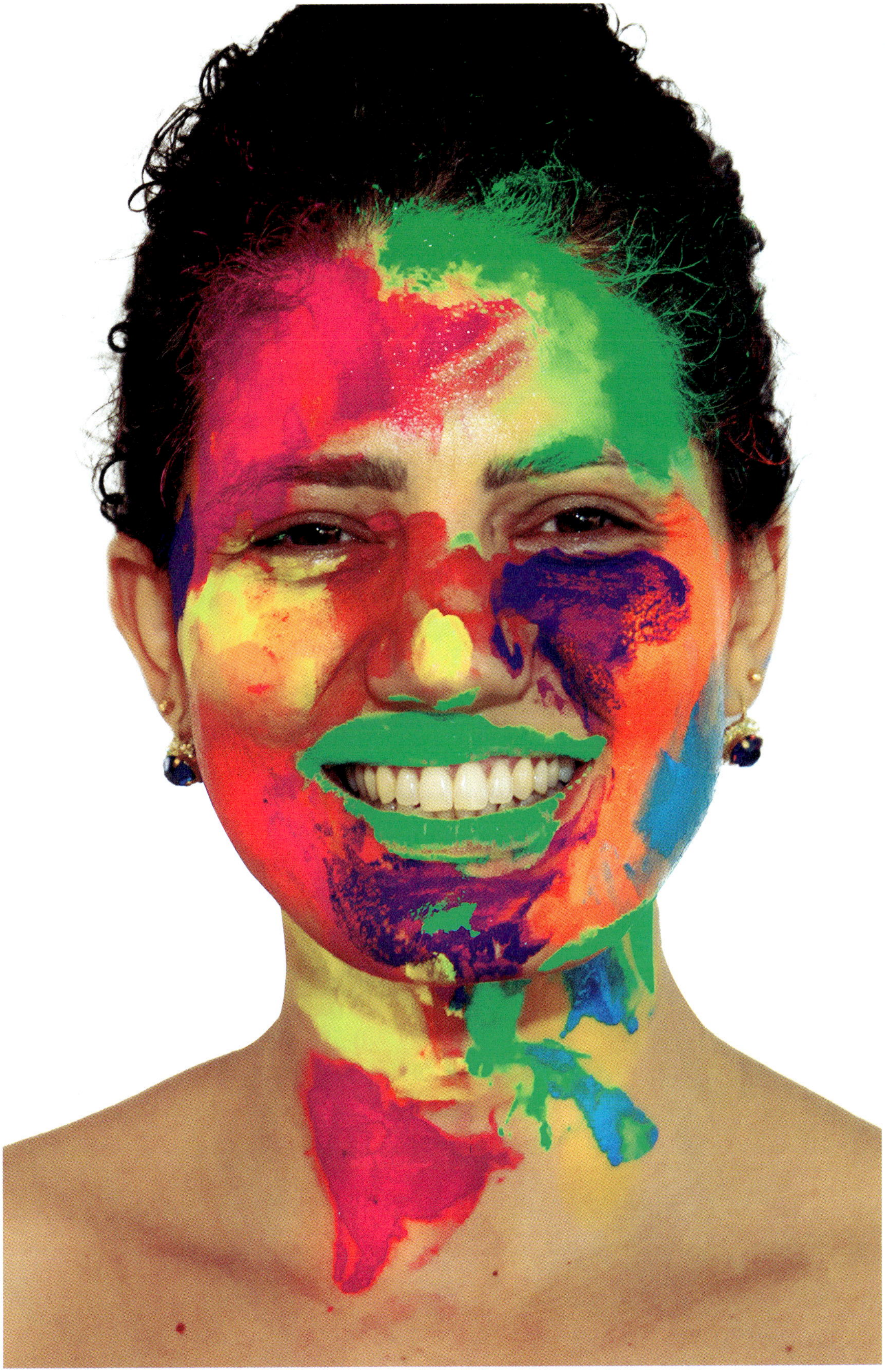

# LEILA BAGAIOLO

"Meu nome é Leila Bagaiolo, sou psicóloga, analista do comportamento e cogestora do Grupo Gradual. Todas estas minhas facetas e papéis foram especialmente impactadas ao participar como terapeuta do *Autism Without Mask*, realizado com tanto carinho pela Grazi Gadia, pelo Marcio Amaral e pela Suzana Gullo Mion. Foi muito gratificante ver as mães da Gradual serem pintadas pelos seus filhos (pacientes da Gradual) e fotografadas pelo Marcio. Foi incrível observar a conexão naquele momento de arte entre mães e filhos. Enquanto as pinturas estavam sendo feitas, ali se via o contato visual, carinho, entrega. Aquela interação estava permeada pela arte. Foi, e é, visível que a arte propicia tudo isso. E, depois, o Marcio, com a participação especialíssima da Grazi (mesmo não sendo presencial) na sessão de fotos, foi demais. As MAMAS estavam lindas e sabiam disso, sentiam isso. Todos temos que agradecer. Eu e minha amiga, irmã Cacá, também fomos pintadas divinamente pelo Marcio e nos sentimos muito alegres e felizes por nós e por nossas MAMAS e pacientes. Foi uma experiência deliciosa, calorosa e ímpar. Obrigada, Grazi, Marcio e Suzana. Vida longa ao *Autism Without Mask*!"

**Leila Bagaiolo é psicóloga e analista do comportamento do Grupo Gradual.**

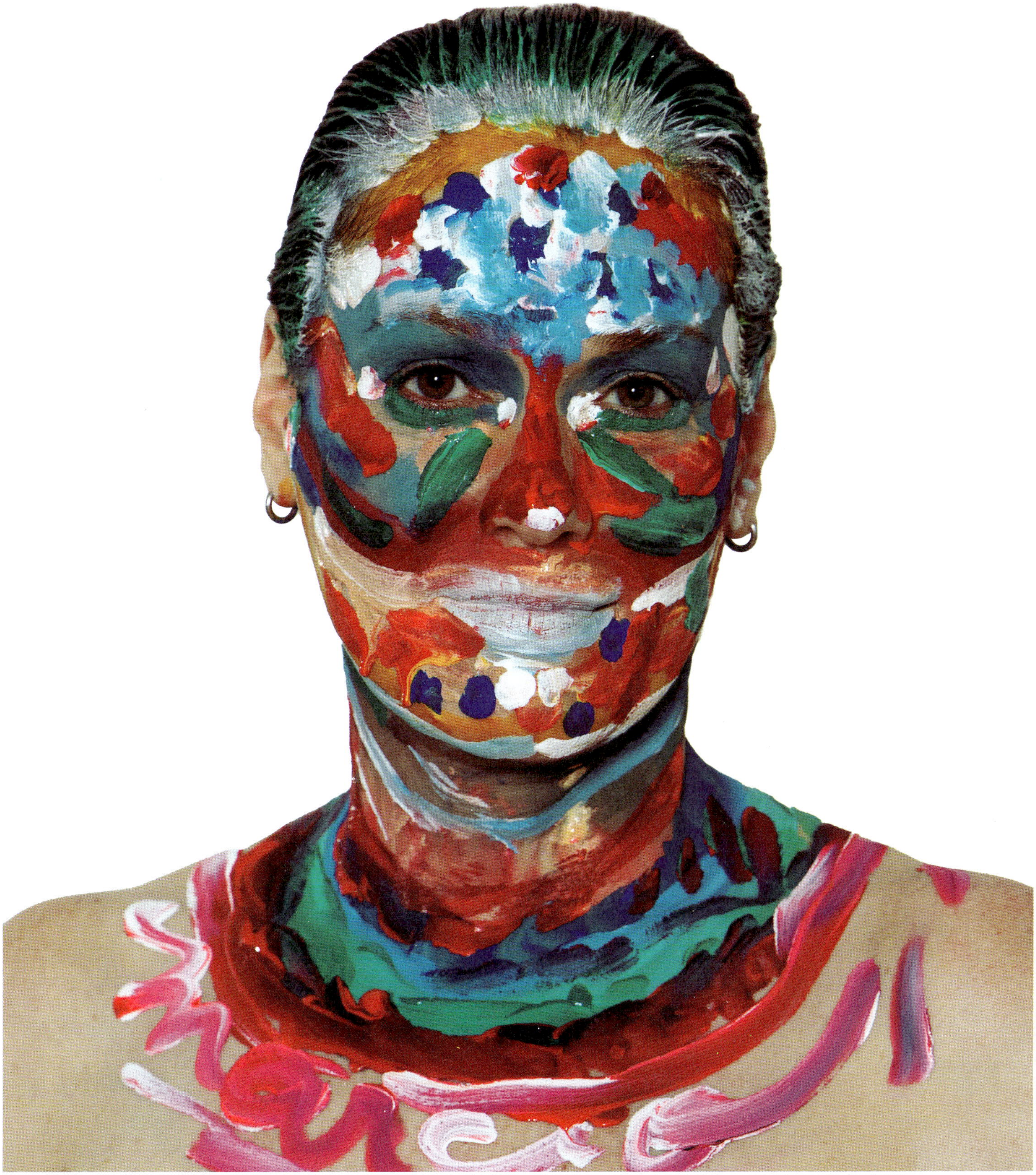

# KEINY GOULART

" O Projeto *Autism Without Mask* foi um divisor de águas na minha vida. Justamente porque a grande virada do meu luto para a luta estava no olhar do Derek.

Myah (minha filha, com nove anos, na época tinha cinco anos) veio da escola, após uma feira de ciências, e disse: 'Puxa, mãe, sei que você está triste com o papel do mano (ela se referia ao laudo), por isso você não quis ir à escola, mas a professora do Derek mandou isso pra você". Quando ela me entrega, era um troféu, um CD com uma foto estampada do Derek olhando pra baixo.

Na hora em que eu segurei aquele troféu, eu olhei para todo o cenário do luto em que eu estava há quase um ano, entre terapias e aceitação, e prometi pra mim mesma que a partir daquele momento meu maior objetivo de vida era fazer com que ele olhasse para as fotos.

Eu me levantei daquela situação e, após seis meses em tratamento ABA, ele já estava olhando pra gente.

O projeto ressignificou a nossa história! A virada! O ponto-chave pelo qual criamos uma rede para apoiar mais de 2.500 famílias em 15 países, que é a RAAFA.

Olhar para o Derek com aquele pincel em mãos e um sorriso estampado no rosto foi incrível.

Seu olhar era profundo e intenso, a música ambiente era suave e tranquila. Ter meu esposo e filha participando, permitindo que o Derek ora pintasse e ora fosse pintado, foi sensacional.

Eu acredito no poder que esse projeto tem de conectar corações, de pais a filhos e de filhos a pais.

Ser a tela em branco para que meu filho criasse a sua arte é como viver com intensidade e vigor, lembrando sempre que todos os dias, no autismo e na vida, temos uma folha em branco pra tornar aquele dia o mais colorido possível com muito amor."

**Keiny Goulart mora em Porto Alegre (RS). É casada com Marlon Bruno Oliveira e, juntos, eles tiveram a Myah, (nove anos), e o Derek (TEA - sete anos). Ela é jornalista e neuropsicóloga.**

# PRISCILA CORDEIRO

"Ele é minha inspiração diária em ser uma pessoa melhor.

Com ele, aprendi a entender verdadeiramente o que é ser resiliente e não fazer mais comparações. Ele me ensina a cada dia ser uma pessoa melhor. Que o mundo tenha lugar para você!"

**Priscila Cordeiro, cantora e musicista, mãe de Arthur Cordeiro e Matheus Cordeiro, é casada com Hugo Cordeiro, Parkland, Flórida (EUA).**

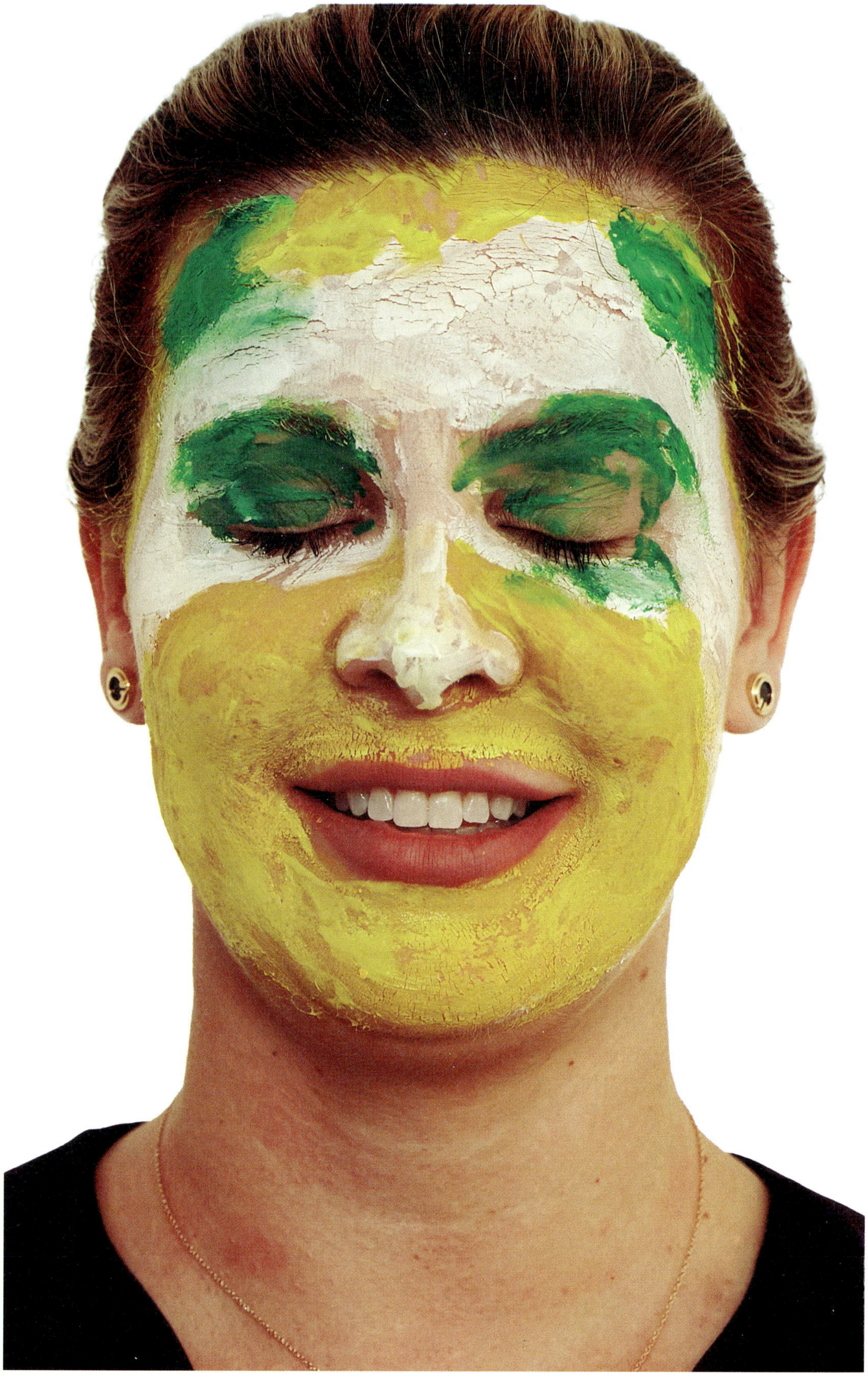

# ANA CLÁUDIA BEZERRA

"Quando recebemos o diagnóstico de TEA do nosso filho André, abraçamos a missão de amar e cuidar de um ser que veio a transformar uma mulher, um homem, um pai, uma mãe e uma família. O André tem desafiado cada um de nós e todos que o acompanham por sua capacidade de evolução e superação. É emocionante vê-lo crescer e se desenvolver a cada dia. E também gratificante poder crescer e aprender com ele. Ele nos ensina muito todos os dias!

O dia em que participamos do *Autism Without Mask*, no Tearteiro, foi uma experiência incrível para mim e para o André. Foi maravilhoso ver a arte sendo despertada nele e podermos nos conectar de uma forma tão especial.

A sensação de vê-lo pintando o meu rosto foi algo indescritível. Pude ver a sua habilidade e criatividade ao me transformar em uma obra de arte! Além de poder sentir a sua alegria em estar participando do projeto!

Gostaria de agradecer à Grazi Gadia por criar um projeto tão bonito e significativo, que permite que as crianças autistas expressem sua criatividade e se conectem com o mundo através da arte. Obrigada por ter nos proporcionado viver essa experiência."

**Ana Cláudia Bezerra, casada com Joaquim Bezerra, mãe de André e Joaquim Neto, São Paulo (SP).**

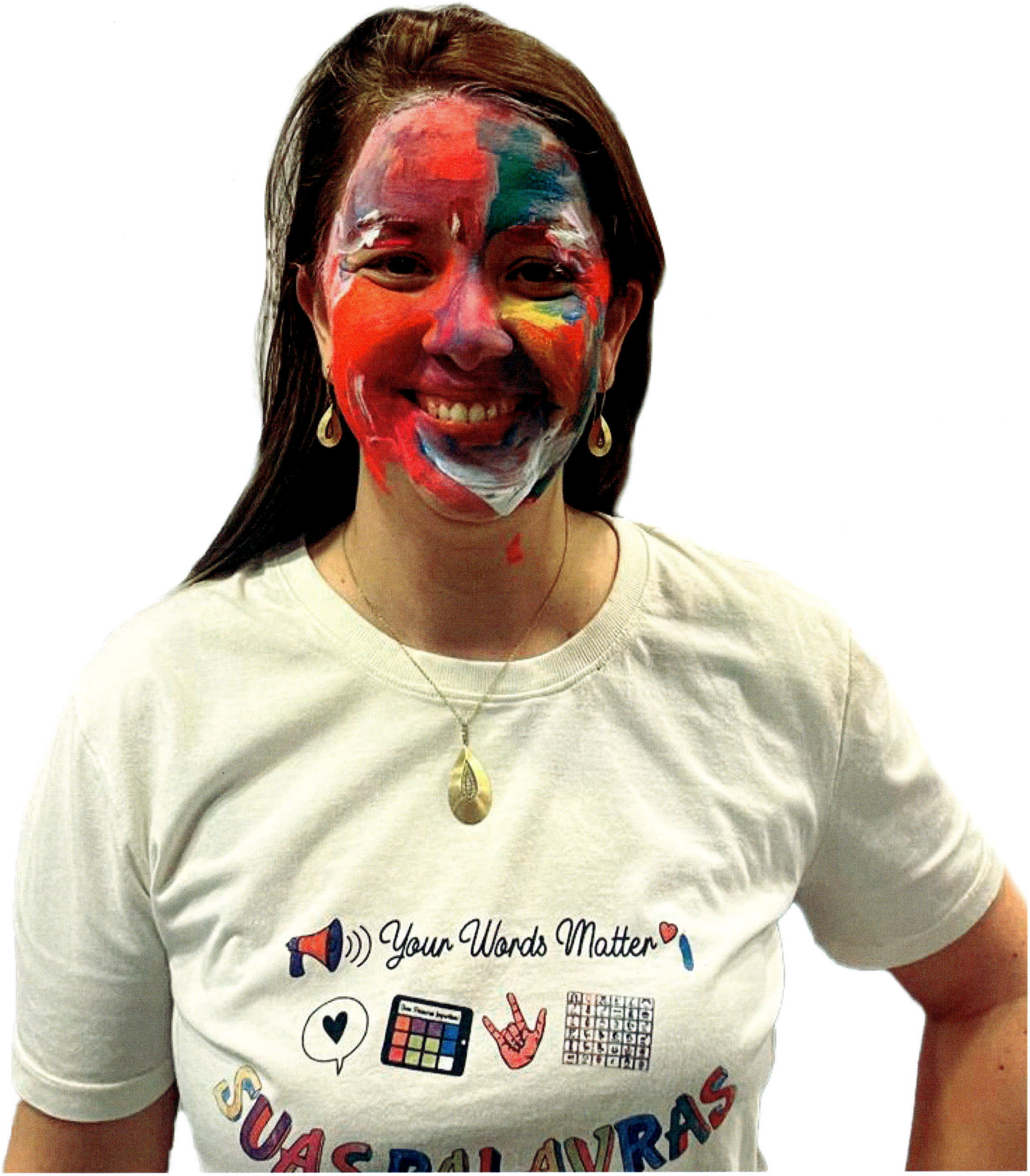
Your Words Matter

# ADELLE SANTIAGO

"Eu me chamo Adelle e sou mãe da Letice, uma artista autista de 17 anos no nível dois de suporte. Foi um grande prazer receber o convite da Grazi para participar do *Autism Without Mask*. Ser mãe sempre foi meu maior desejo, e Deus me abençoou com a Letice.

Uma das muitas brincadeiras que compartilhamos é a pintura, e foi um privilégio ser pintada por ela – anos depois, com sua técnica apurada e oficialmente uma artista. Nossa conexão é forte e sempre nos divertimos muito juntas. Leti sempre aceita minhas propostas de brincadeiras!

O projeto da Grazi é muito importante para as famílias, pois mostra a conexão incrível que podemos ter com nossos filhos autistas. É essencial que o mundo compreenda que a família é a base para o desenvolvimento dos nossos filhos."

**Adelle Martins Santiago, mãe de LETICE Santiago, Teresina (PI).**

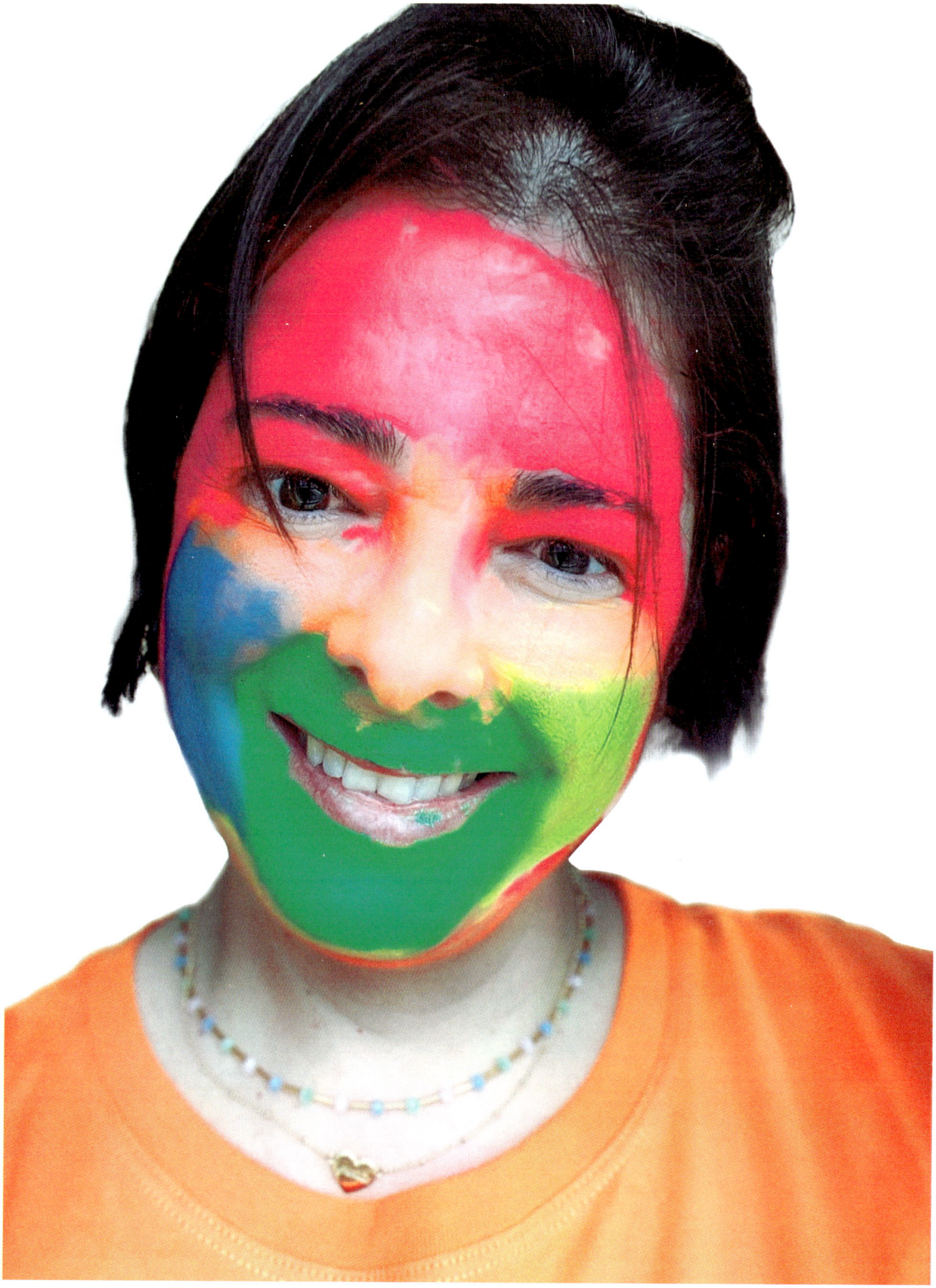

# INDIHARA HORTA

"Sou Indihara Horta, casada com Cristiano, mãe da Mariana Fernanda, de dez anos, e da Mariana, de 13 anos, que nasceu dentro do espectro autista e trouxe para nossas vidas um propósito maior.

Moramos em Angola há nove anos e aqui tem sido possível viver nosso propósito e dividi-lo com centenas de famílias através do meu trabalho como mãe e profissional na área do autismo.

O mais lindo deste Projeto *Autismo Sem Máscaras* foi viver o dia em que a Mariana me pintou, e neste exato momento mantivemos o maior tempo de contato visual... tive uma experiência sobrenatural! Olhei para pequenas expressões do rosto e do olhar da Mariana que nunca havia percebido, pois nossos olhares sempre se cruzam de maneira muito rápida! Neste dia, tive a plena certeza do propósito dela nas nossas vidas."

**Indihara Santos Alves Horta, (42 anos), é fonoaudióloga, casada com Cristiano Horta e mãe de Mariana e Maria Fernanda. Vive em Angola desde janeiro de 2015.**

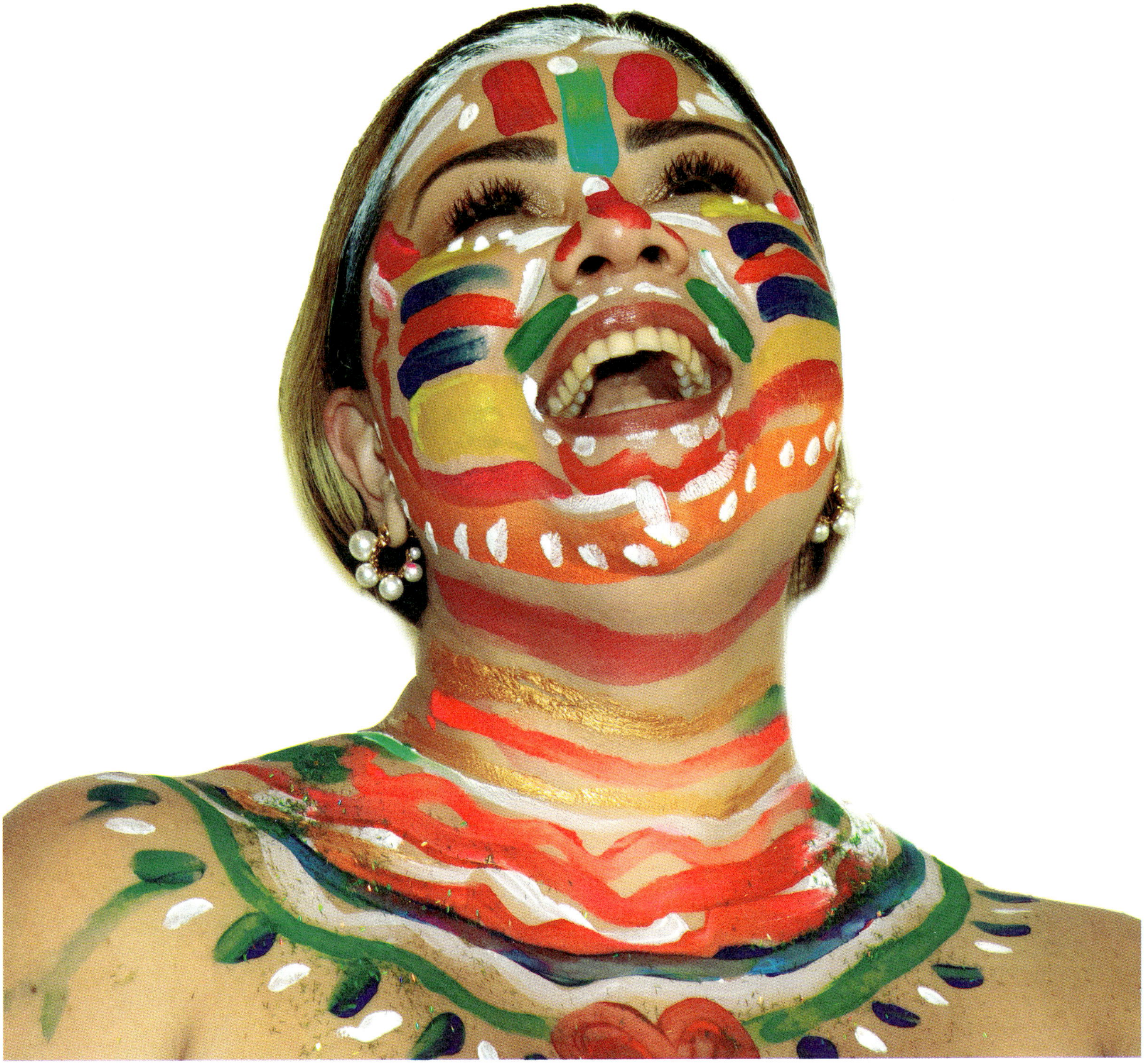

# EMÍLIA GAMA

> Vivenciar o *Autism Without Mask* foi algo tão maravilhoso que chega a ser difícil expressar em palavras. Foi, sem exageros, um momento verdadeiramente sublime.
>
> Enquanto a Valentina pintava o meu rosto, surgia uma conexão entre nós. Algo singular e puro, que somente a arte pode proporcionar. Um sentimento de pertencimento que me fez sentir em casa e, ao mesmo tempo, livre.
>
> Naquele momento, muitas coisas passaram pela minha cabeça. Eu pude ver, quase que de maneira palpável, toda a minha luta passando diante dos meus olhos. A luta por um mundo onde o ser humano esteja à frente de quaisquer diferenças.
>
> Um mundo onde as pessoas com autismo sejam respeitadas por suas singularidades. Um mundo onde os autistas tenham o direito de ir e vir, com suas estereotipias, sem olhares capacitistas e preconceituosos. Um mundo que reconheça o ser humano e não sua marca. E, então, tudo fez sentido.
>
> Esse sentimento de clareza começou a tomar conta do meu coração através da arte que se esvaía pelo pincel da Valentina.
>
> Por isso, eu me sinto abençoada por ter tido a oportunidade de vivenciar, de maneira tão calorosa, o impacto desse amor. Em forma de tinta, ele se manifestou em abundância no meu rosto e coração.

Obrigada, *Autism Without Mask*, pela oportunidade, que ficará para sempre marcada em minha alma. E, sobretudo, obrigada, Valentina, por esse sopro de luz que me deu forças para continuar lutando e sendo grata."

**Emília Gama, assistente social, é esposa de Gregor Gama, mãe do Miguel, (13 anos) (que tem síndrome de Down e autismo), do Arthur, (dez anos), e da Bella, (um ano), Maceió (AL).**

# KAKÁ DO AUTISTÓLOGOS

"Conheci o projeto da Grazi num evento de autismo em Curitiba e, quando vi aquelas fotos de mães de crianças TEA, fiquei completamente encantada.

Essas mães sempre foram vistas como as chatas da escola, as inconvenientes que cobram resultados dos terapeutas. Sempre foram julgadas pela alimentação seletiva, pelos comportamentos e algumas vezes até pelos atrasos dos filhos.

Ninguém enxergava essas mães, e quando vi que havia alguém olhando para nós, até parei pra olhar um pouquinho pra mim também.

Achei lindo demais, fiquei contemplando o trabalho e o ativismo de cada uma delas e sonhei: "Será que um dia eu estarei ali?"

Quando a Grazi divulgou o Projeto *Autism Without Mask*, eu não me contive e perguntei: "Grazi, posso participar também?"

Ela explicou que as fotos estavam sendo tiradas em Miami, mas que eu poderia produzir minhas próprias fotos e mandar para serem tratadas. No entanto, teria que enviar até a manhã seguinte.

Eu não tive dúvidas: peguei meu celular, coloquei um lençol branco esticado na sacada, um pote de tinta azul que tinha em casa, me pintei e comecei a tirar as fotos.

Participar desse projeto foi a realização de um grande sonho, primeiro porque sou superfã do casal Gadia, já que eles são profissionais e, acima de tudo, seres humanos que transformam o mundo num lugar melhor. Segundo, porque o projeto traz esse olhar para a mãe, e a preocupação com a mulher que é responsável pelo futuro da criança com autismo. E esse papel é pesado, e decisivo.

Geralmente, são as mães, sozinhas, que se responsabilizam pelo tratamento, e que levam pedradas de todos os lados – da escola, da sociedade e, muitas vezes, até dos profissionais e da própria família.

Claro que há pais participativos nesse tratamento, mas infelizmente são a exceção. Sempre digo que chamo carinhosamente esses pais também de mães.

Quero agradecer à Grazi! Fiquei muito feliz de participar desse projeto incrível, foi uma grande emoção para mim.

Mais uma vez, obrigada e parabéns pelo seu trabalho lindo, sua maravilhosa! Te amo!"

**Kaká do Autistólogos, casada com André Lobe, mãe de Pedro (15) e Matheus (dez), Sul do Brasil.**

# CLAUDIA ROMANO PACÍFICO

"Eu sou a Claudia Romano Pacífico, a KK. Sou mãe da Nina de cinco anos, e do Gabriel, de 11 anos. Sou cofundadora do Grupo Gradual. Tenho uma dupla missão, de quem escolheu cuidar nesta vida. Participar do projeto *Autism Without Mask* foi uma experiência emocionante de ser cuidada. Enquanto eu era pintada, fotografada, pude experimentar um sentimento de gratidão. É uma experiência impactante de muita conexão."

**Claudia Romano Pacífico, psicóloga, cofundadora do Grupo Gradual, mãe da Nina, (cinco anos), e do Gabriel, (11 anos), São Paulo (SP).**

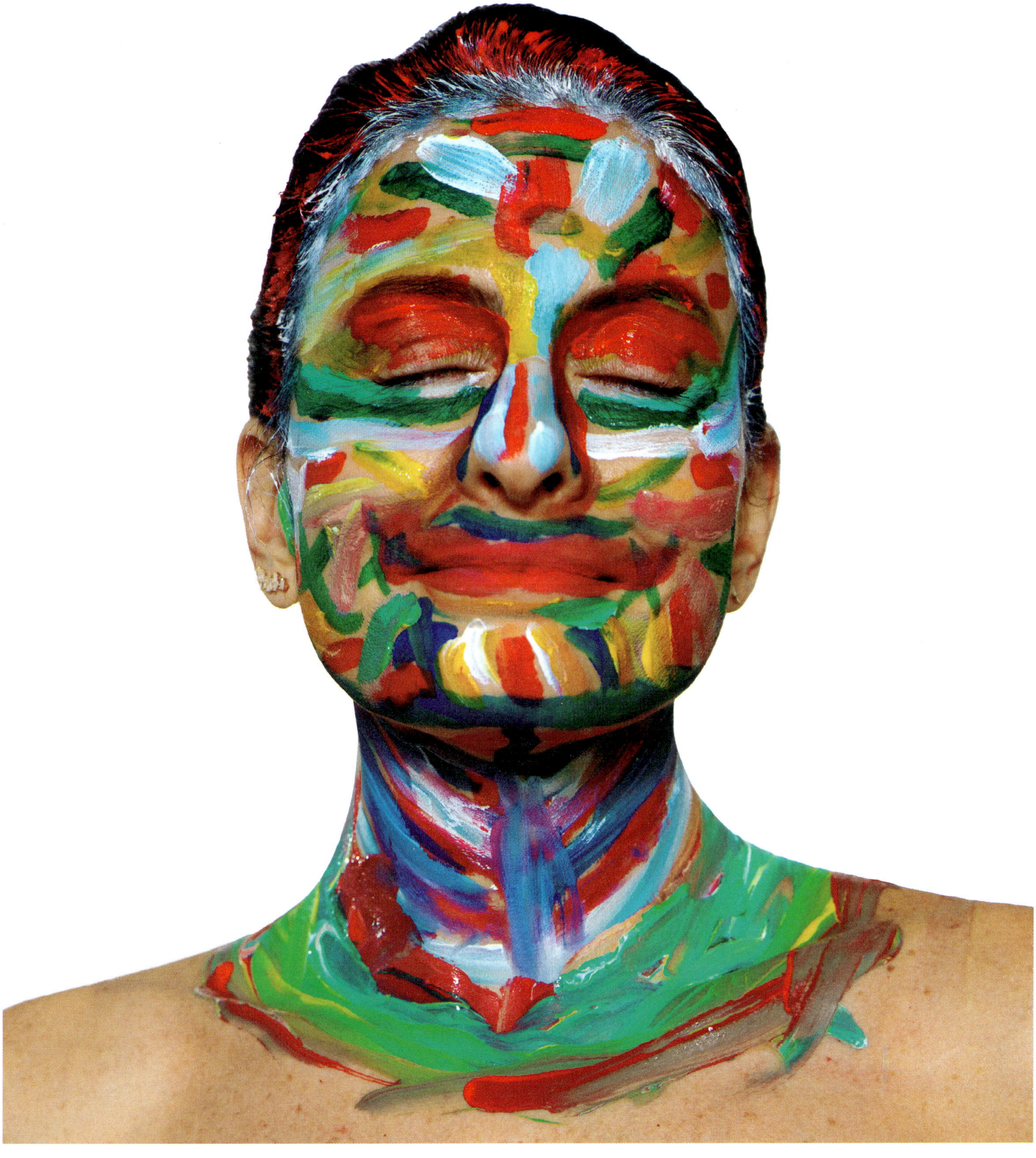

# SOLANGE VALLI

" Eu fiquei tão emocionada, que eu não sabia nem expressar o quanto foi maravilhoso.

Essa experiência foi única, pois nunca tinha saído assim com a Bia, minha filha que me pintou. Eu me senti muito grata por vivenciar esse momento com ela.

Fiquei muito feliz de participar do *Autismo Sem Máscaras* no Tearteiro."

**Solange Valli, mãe da Bia Valli, Catanduva (SP).**

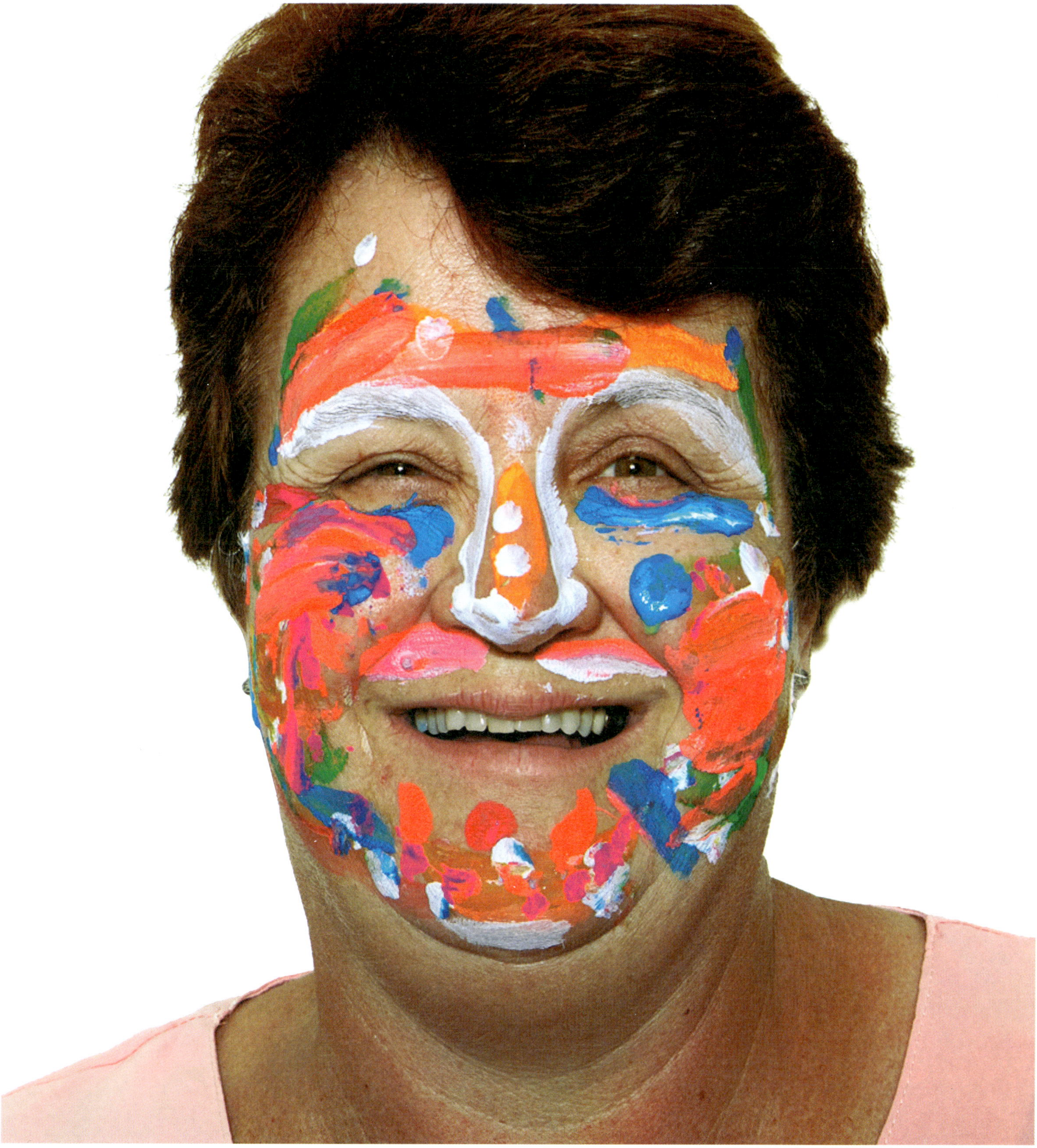

# ISABELLA LOBO

"No dia em que fui pintada, me senti em conexão com os pincéis e com os artistas. Senti liberdade de expressar o que eu não conseguia ver, mas conseguia sentir a cada pincelada. Eu me senti corajosa e os senti corajosos, ao deixar meu rosto e suas habilidades ao acaso. Na hora, não pensei muito, só senti felicidade por estar ali. Depois, pensei em como o mundo seria melhor sem tantas regras, expectativas e julgamentos. Naquele momento, eu só era colorida e eles só eram criativos. Simples e lindo. Minha filha não estava ali, mas aquelas crianças representaram minha criança e todas as demais crianças do mundo, sendo apenas crianças, sendo lúdicas, dando risadas, se divertindo e me passando essa mesma sensação. Quebraram a barreira da adulta, da intocável, séria, responsável. Abriram espaço para a adulta lúdica, que só quis curtir e depois chegar em casa pra pintar com a filha e novamente se permitir ser pintada e deixar tudo mais lindo e leve."

**Isabella Lobo Sasaoka, esposa do Alexandre Sasaoka e mãe da Maya, (dois anos e meio), e da Naomi (na barriga!), São Paulo (SP).**

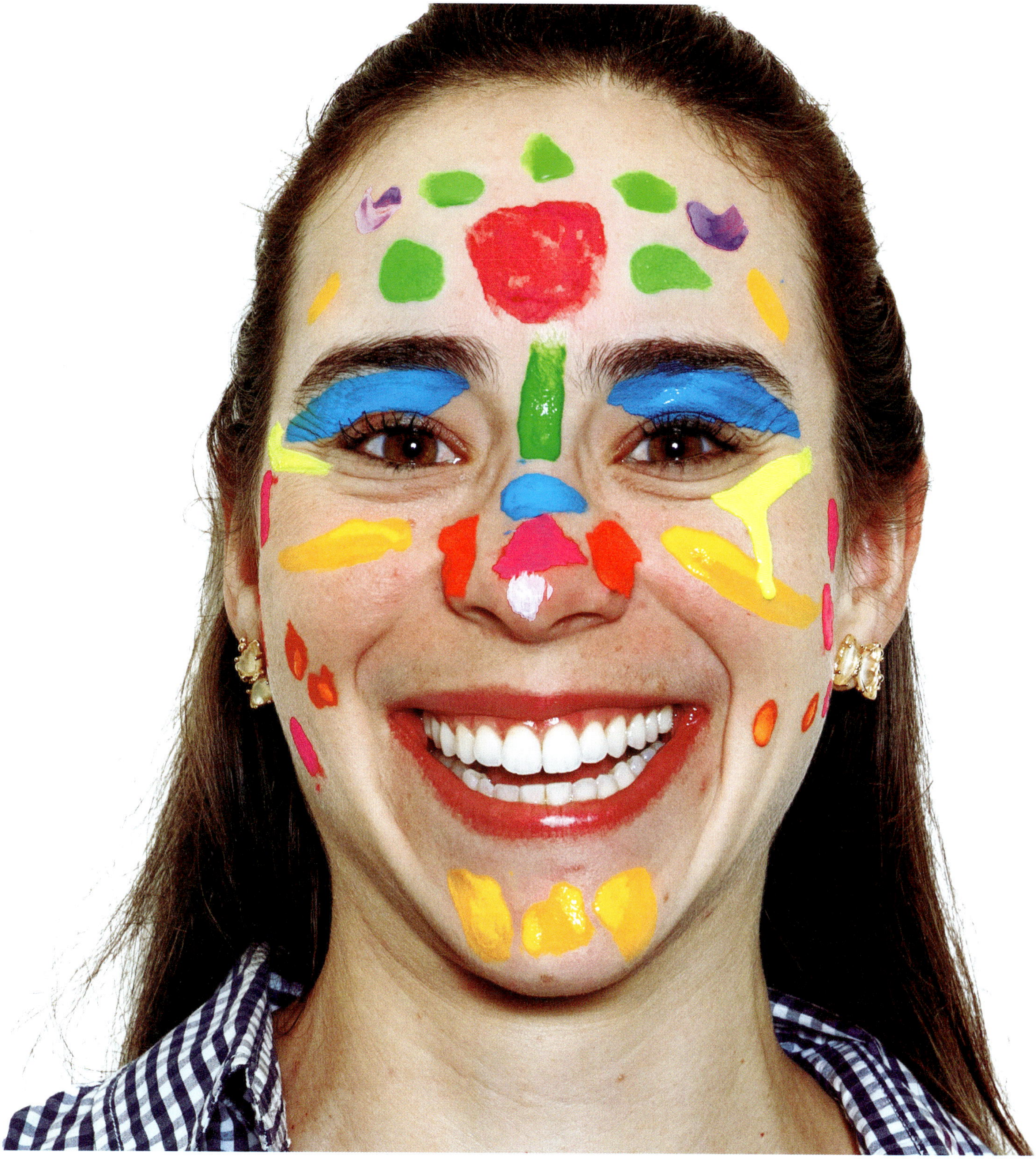

# SHANA SEGATTO VENDRUSCOLO

"Meu filho precisou de mãos dadas para novas descobertas, e vê-lo com autonomia, livre e feliz para pintar o meu rosto demonstra o meu sentimento naquele momento, estampado nesse sorriso da foto. O sorriso é a consequência direta da minha felicidade.

Ver a arte do meu filho, expressando a sua forma de enxergar e interagir com mundo, e sua segurança, para explorar o ambiente e criar, mostra que o caminho que estamos trilhando será de felicidade, e só temos uma certeza: ele será o que ele quiser ser.

A nossa conexão vem de muitas formas, mas o olhar nos olhos é uma busca constante de uma mãe atípica como eu, e ter um projeto como o *Autism Without Mask*, que compreende essa conexão, mostra que não estou sozinha nessa busca. A minha felicidade ao participar do projeto vem em forma de sorriso estampado no rosto.

Nossas conquistas primeiramente vêm do modo de ver a vida dele, mas que só conseguimos colocar em prática graças à rede de apoio e à equipe multidisciplinar, que não medem esforços diariamente para alcançar todos os objetivos dele.

Sou uma mãe que quer os filhos exatamente como eles são. Todos os dias, agradeço por ter o Antônio e a Rafaela na minha vida."

**Shana Segatto Vendruscolo é mãe de Antônio Vendruscolo Machado e Rafaela Vendruscolo Machado. Ela é pneumologista pediátrica, esposa de Gabriel Machado, natural e residente em Ijuí (RS).**

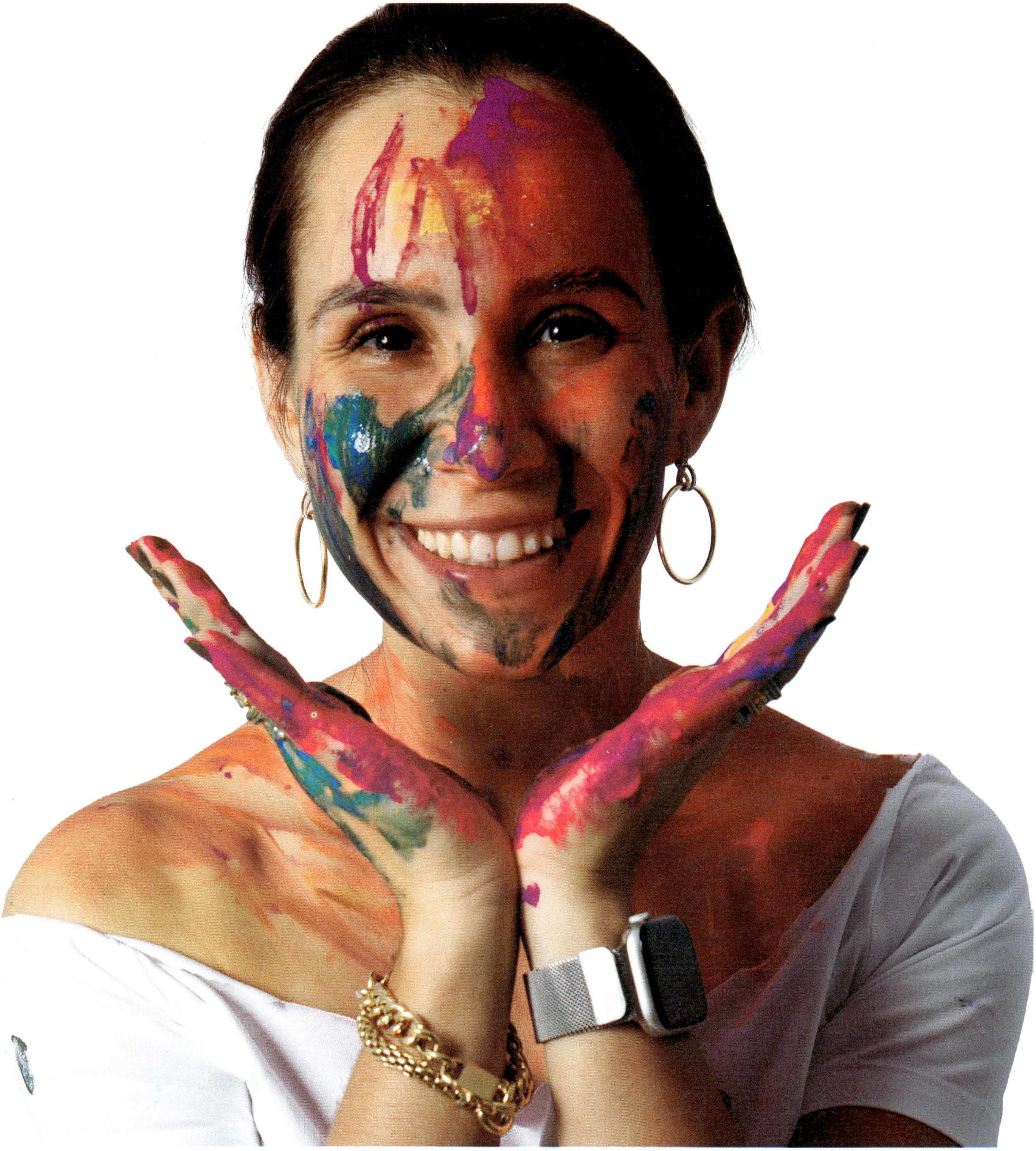

# TATI BLEY

"*Autism Without Mask* é uma experiência marcante. Participar desse projeto foi algo muito importante e enriquecedor. Um momento único entre mãe e filho, onde o meu filho, Neto, pintou meu rosto com liberdade e expressão, da sua maneira.

Muita emoção em vê-lo feliz, realizado. Nossa conexão foi marcante, pois ele se sentiu valorizado e confiante.

Eterna gratidão em participar deste projeto incrível, que valoriza a arte e toda sua representatividade."

**Tatiana Bley, maratonista, casada com Bira, mãe de Ubirajara Neto, (14 anos), e Felipe, (dez anos), Curitiba (PR).**

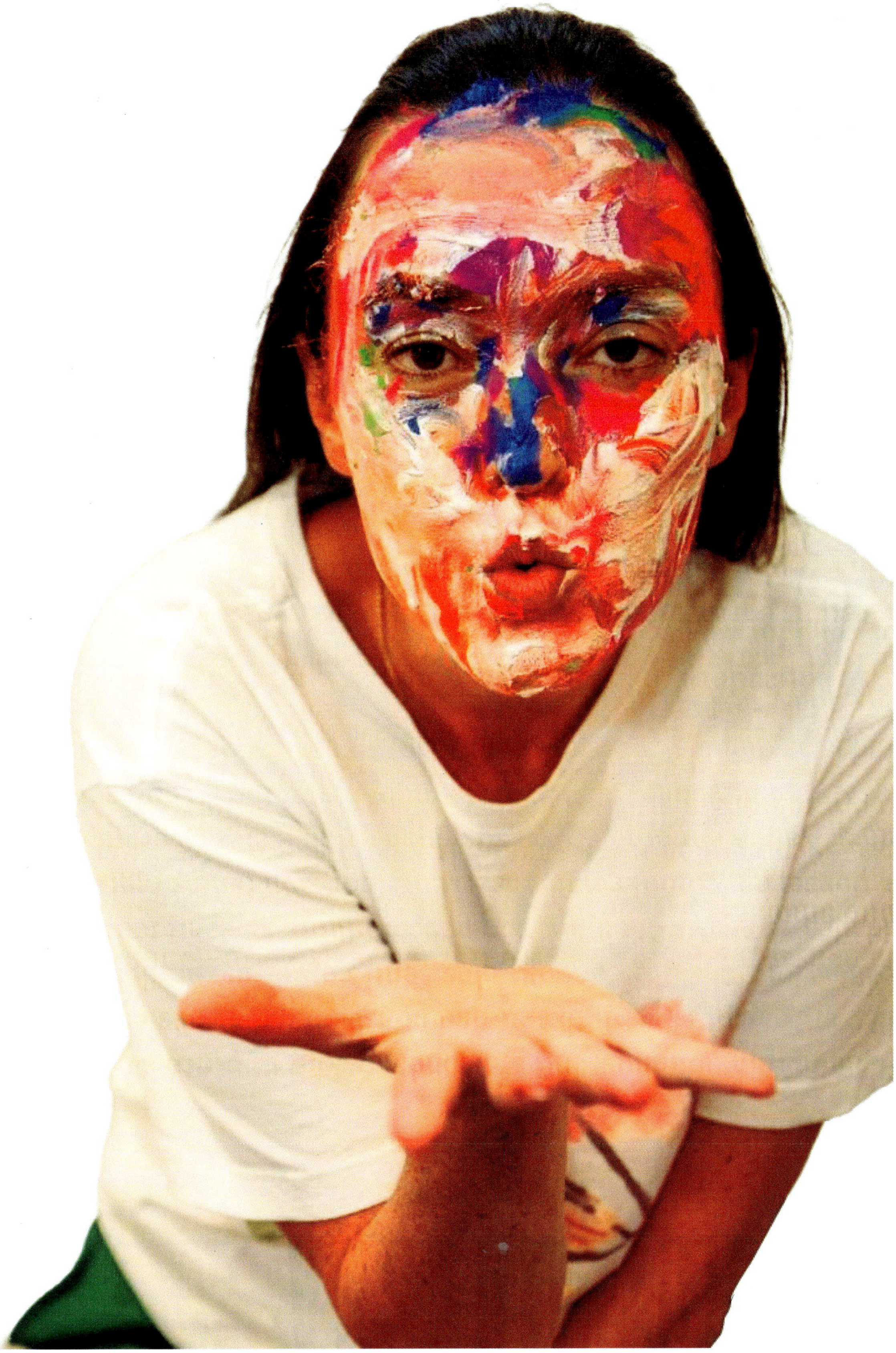

# FERNANDA DUARTE BICALHO

"Foi muito divertido participar da oficina do *Autism Without Mask* com a minha filha. Na época, como mãe de uma criança recém diagnosticada com autismo, foi muito importante ter essa conexão com a minha filha e entender que o amor, o vínculo e a comunicação podem ocorrer de várias maneiras, e uma delas é a arte!"

**Fernanda Duarte Bicalho, analista de importação, mãe da Manuela Duarte Bicalho (quatro anos), São Paulo (SP).**

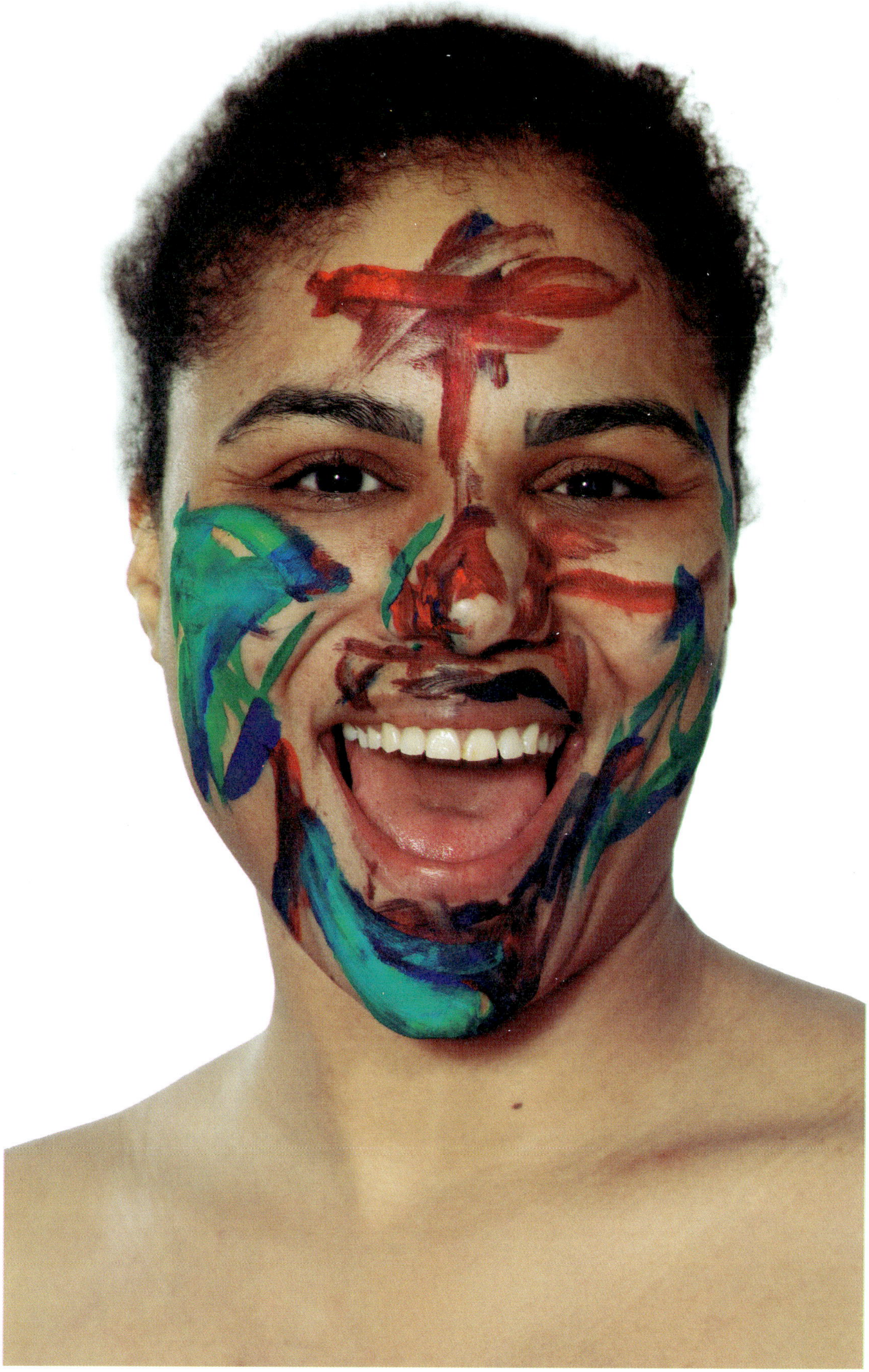

# MARIA CRISTINA WEIS

"Sou a Maria Cristina, dentista e mãe do Rafael, de oito anos, que é autista. Ao descobrir o autismo do Rafa, foi um momento muito difícil para mim, do ponto de vista emocional. Minha vida mudou totalmente e, aos poucos, fui conhecendo esse mundo diferente. Graças a Deus, também entraram em nossas vidas pessoas maravilhosas que nos ajudam nessa longa caminhada. Cada dia que passa é um novo aprendizado. Infelizmente, ainda no nosso dia a dia temos que lidar com preconceitos e discriminação que nos fazem sofrer muito. Espero que a sociedade evolua e tenha mais empatia com esses anjinhos azuis e suas famílias. Esta minha caminhada está só no início, cada dia é um novo desafio, com muitos sofrimentos e alegrias. Aprendi a dar valor às pequenas coisas e a ser uma pessoa melhor. Espero ser forte e acompanhar o Rafa por muitos e muitos anos. Rafael é muito carinhoso e feliz. É a razão da minha vida. Que Deus nos proteja."

**Maria Cristina Weis, casada com Marcelo Weis, mãe de Rafael Weis, mora em Porto Alegre (RS).**

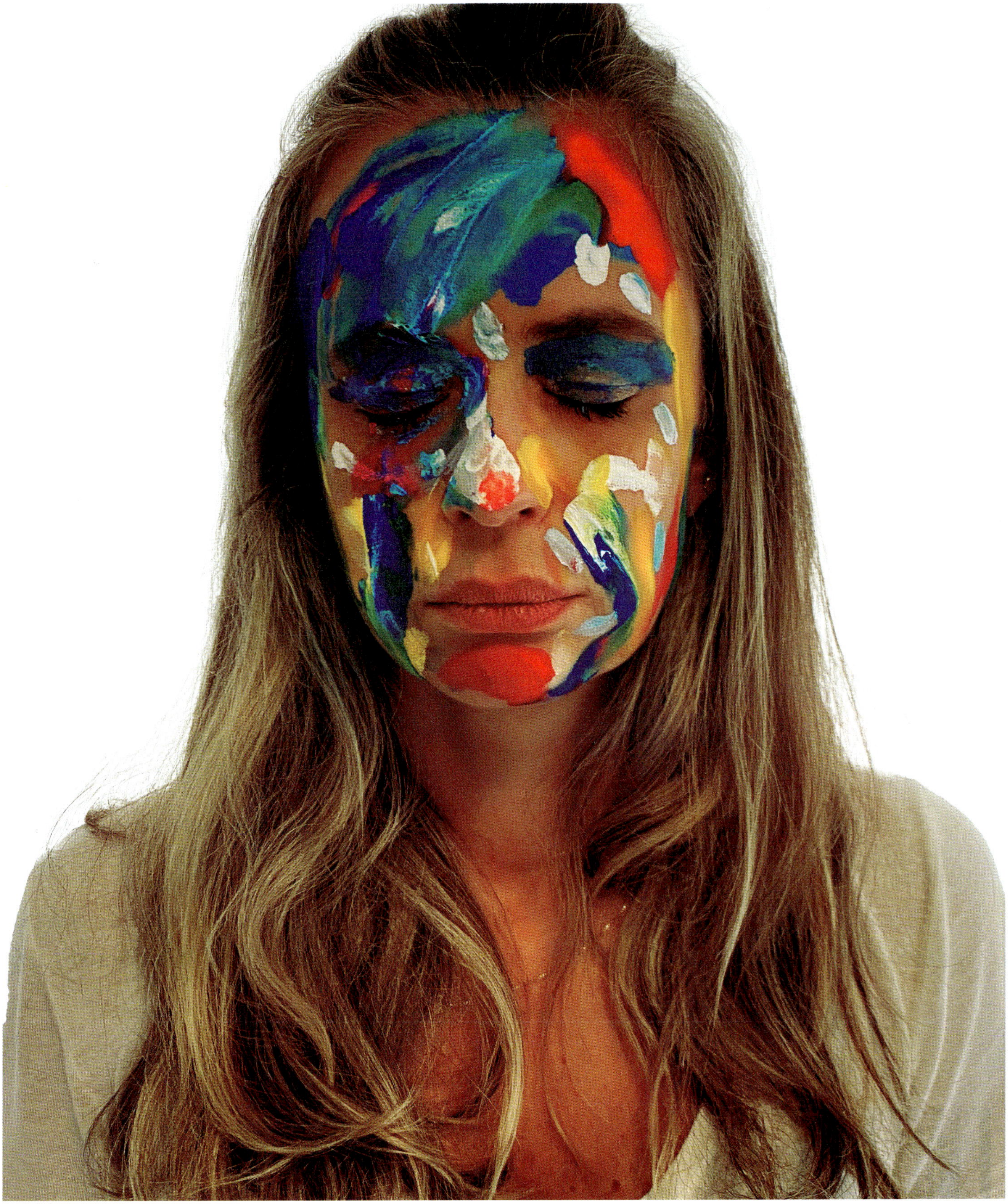

# MARINA WEIGL

"Experiência emocionante e gratificante, esse momento de intensa conexão com minha filha através da arte. Não foram necessárias palavras, só o olhar. Foi simplesmente maravilhoso estar junto dela e de outras mães e seus filhos, vivenciando esse ato inspirador de amor e cumplicidade."

**Marina Weigl, casada com Gustavo Rios, mãe de Nina, mora em Weston, Flórida (EUA).**

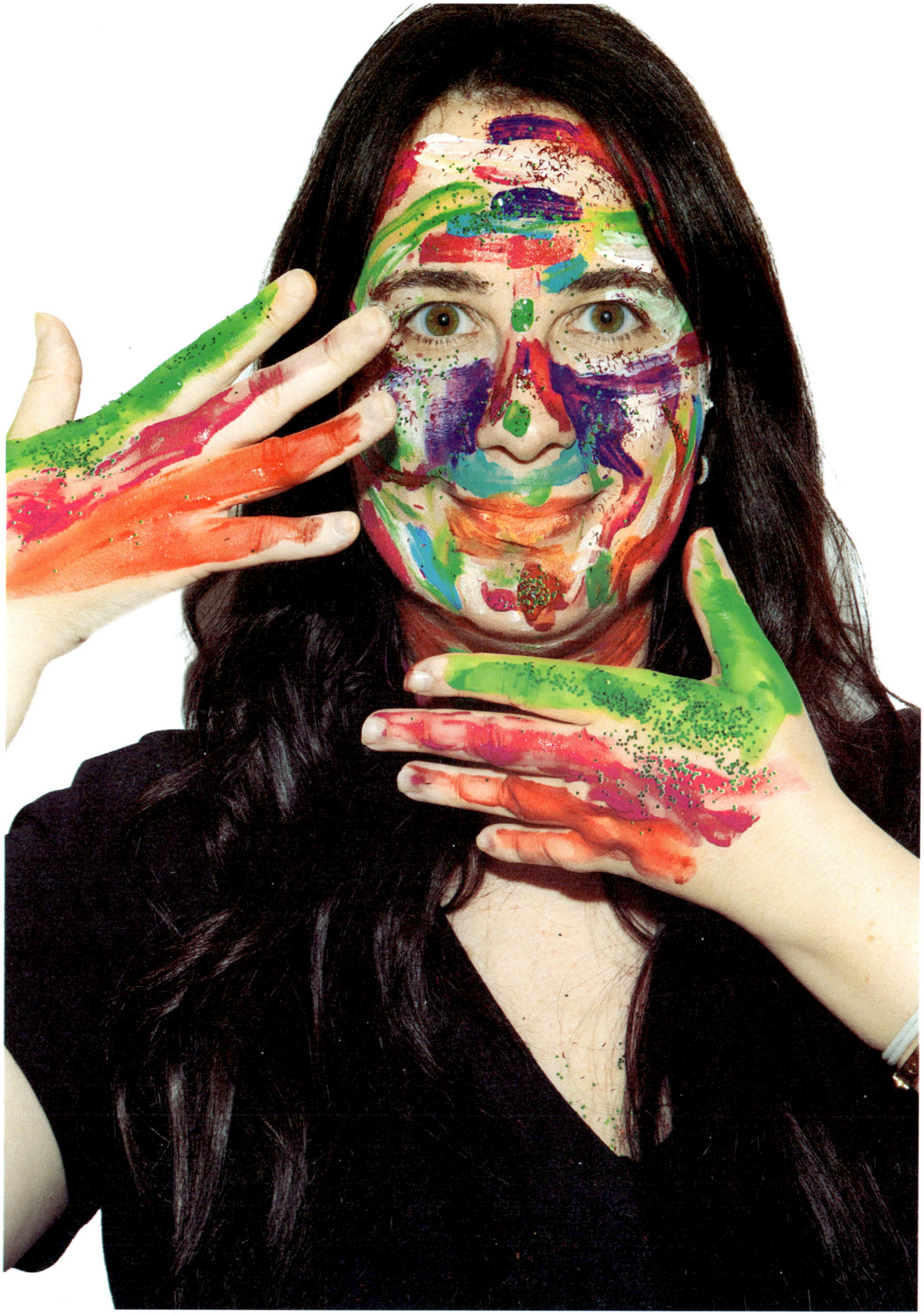

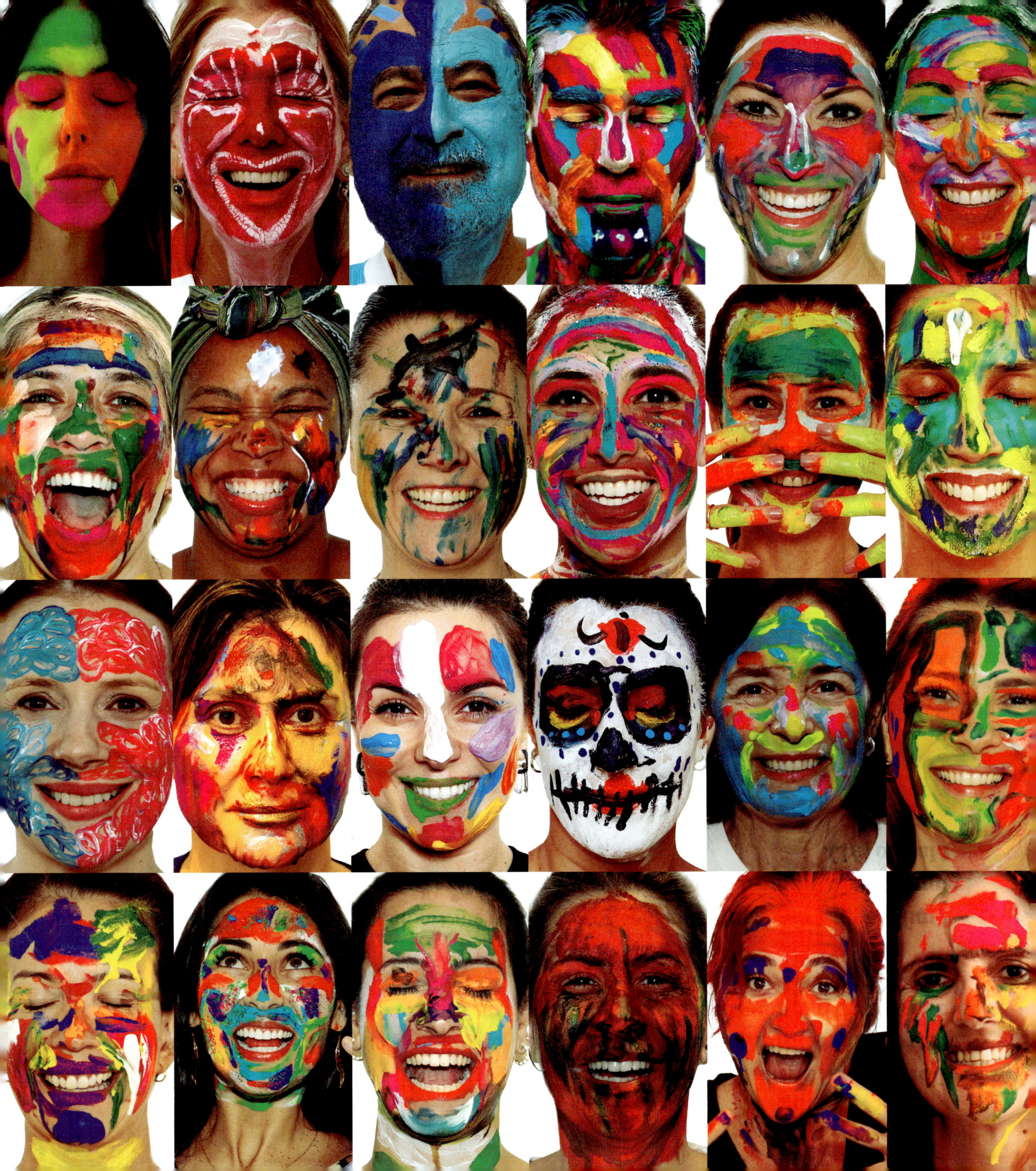